꽃도 가꾸어야 더욱 아름답습니다

허 식

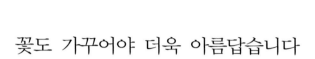

_____님께

건강과 행운을 기원합니다.

_____드림

허 식　한국신학대학(한신대학교 전신) 신학과 졸(신학 학사)
　　　　한국신학대학(한신대학교 전신) 대학원 졸(신학 석사)
　　　　영국 버밍엄 셀리옥 대학 선교학과정 수료
　　　　서울대학교 종교교사 자격 취득과정 수료

　　　　육군 군목(대위 전역)
　　　　익산 두여리교회 담임목사
　　　　김제 구암교회 담임목사
　　　　울산 성민교회 목사
　　　　남해 당항교회 담임목사
　　　　한성 신학대학 강사
　　　　서울 강남교회 협동목사
　　　　대성중 · 고등학교 교목
　　　　한국 기독교 장로회 교목협의회 회장

　　　현 연세대학교 크리스챤 고양 · 파주 동문 모임(YCA고 · 파)지도목사

　　　저서로는 『아직 꽉 차지 않았거든요』(너의오월, 2013년),
　　　『하나님의 러브 레터』(박문사, 2015년),
　　　공저 『오직 한 분뿐인 스승 예수』(너의오월, 2013년)가 있다.

꽃도 가꾸어야 더욱 아름답습니다.

초판 인쇄　2017년　1월　11일
초판 발행　2017년　1월　25일

지은이　허식
발행인　윤석현
발행처　박문사
등　록　제2009-11호

주소　서울시 도봉구 우이천로 353 성주빌딩 3F

전화　(02) 992-3253 (대)
전송　(02) 991-1285
전자우편　bakmunsa@daum.net
홈페이지　http://jnc.jncbms.co.kr

책임편집　차수연

ISBN 979-11-87425-22-9 03230　　　　　정가 13,000원

꽃도 가꾸어야 더욱 아름답습니다

허 식

박문사

이 책을
고희古稀를 맞이하여
집 천사(김성례)에게 바칩니다.

책을 펼치며

고희古稀를 맞이하면서 또 하나의 책을 출간하는 기쁨을 누리게 되어 감사드립니다.

지난 2015년 10월 30일 새벽, 저희 집 천사가 뇌졸중腦卒中으로 오른쪽 편마비偏痲痺 증상과 함께 말도 어눌해져 병원 응급실을 통해 입원하였습니다. 그리고 오른쪽 중대뇌동맥中大腦動脈의 동맥류動脈瘤(꽈리)의 발견, 11월 19일에 진행된 수술(혈관 내 코일coil 색전술)은 기대한 일도 아니었고 반가운 일도 아니었습니다. 이 일로 저를 포함하여 가족들의 모든 일들을 계획·수정해야만 했습니다.

치료와 재활 과정은 매우 힘들었지만, 감사한 일이 더 많았음을 고백합니다. 삶의 짐이 무겁게 느껴지고 생활이 힘들며 또 주변이 어둡고 절벽과 같다면, 저와 저희 집 식구들이 읽으며 힘을 얻었던 다음의 성경 말씀을 권해 드려봅니다.

> "그러므로 선 줄로 생각하는 사람은 넘어지지 않도록 조심하십시오. 여러분은 사람이 감당할 수 없는 시험을 당한 적이 없습니다. 하나님은 신실하셔서 여러분이 감당치 못할 시험은 허락하지 않으시며 시험을 당할 때도 피할 길을 마련해 주셔서 여러분이 능히 감당할 수 있게 하십니다."
>
> (고전 10:12-13)

이젠 많은 분들의 기도와 염려, 현대의학의 도움과 집 천사의 재활의지 덕분에, 보행과 대부분의 일상생활 동작을 수행하는데 있어서 필요에 따라

7

타인의 도움을 받으면 되는 상태로까지 호전되었습니다. 정말 다행이라 생각하며 진심으로 감사드립니다.

제가 집 천사를 간병하는 사이, 옛 자료들을 정리하다 보니 미흡한 자료들이지만 학원 선교 현장과 교회에서 청소년 사역에 수고하고 계시는 분들에게 도움이 될 수도 있겠다는 생각이 들었습니다. 이에 이 자료들을 책으로 묶어 보는 것도 좋겠다하는 생각이 들었고, 겁 없이 다시 욕심을 부려 보았습니다.

이 자료들은 창작보다는 다른 분들의 글들을 인용 및 참고하여 제작한 자료들이 많아 일일이 참고 및 출처를 밝혀 본다고는 했지만, 출처를 다 밝히지 못했음을 송구스럽게 생각합니다.

이야기 하나는 학교 재직 중 학생들을 대상으로 한 자료, 이야기 둘은 학교 재직 중 중학교에서 교사들로 구성된 예배위원들의 기도회에서 사용한 자료, 이야기 셋은 매년 발행되는 학교 훈화집인 『십분 간의 사색』에 올렸던 원고, 이야기 넷은 강남교회의 요셉 남선교회 월례회에서의 증언證言, 이야기 다섯은 연세대학교 크리스챤 고양·파주 동문 모임(YCA고·파)에서의 증언을 중심으로 골라 다듬은 글들입니다. 그리고 글의 시대성도 있고 하여 글 말미에 사용하였던 년도를 가능한 한 밝혀 놓았습니다.

이 책의 독자로 기독교 신앙인을 포함하여 더 많은 분들을 함께 모셨으면 하는 마음에서 인용하는 성경구절은 읽기 쉽고 이해하기 쉬운 『우리말 성경』을 사용하였습니다.

책을 내면서 그동안 함께해 온 병중에서도 잘 견디며 재활에 최선을 다하는 사랑하는 아내와 엄마 간병을 잘 담당하여 준 자녀들에게 정말 고마움과 미안함을 전합니다. 아울러 여러모로 기도해 주시고 격려해 주시는 친지 여러분들, 대성중고등학교의 선생님들과 여러분들, 강남교회 백용석 목사님과 전병금 원로 목사님 그리고 요셉 남선교회 회원 여러분들과 교우 여러분들, 또한 교목협의회에 속한 목사님들과 가족 여러분들, 서울지구 원로목사회에 속한 목사님들과 사모님들, 대학 동기 여러분들, YCA고·파 회원 여러분들, 명지병원의 의료진들과 로하스 클로버 요양(재활)병원의 의료진들 그리고 미처 열거하지 못한 많은 도움을 주신 분들에게와 부족함에도 축하의 말씀으로 격려해주신 직전 중경 총회장 최부옥 목사님에게 거듭 진심으로 감사드립니다.

또 책이 탄생되도록 격려해 주신 도서 출판 박문사의 윤석현 사장님과 편집을 담당해 주신 차수연님 그리고 협력하여 주신 모든 분들에게도 진심으로 감사드립니다.

2016년 11월에,
고양 원당 어울림 마을에서

허 식 드림

삶을 풍성하게 사는 이의 전범典範

사랑하고 존경하는 친구 허식 목사님의 네 번째 책을 접하면서 참 배우고 깨달은 것들이 많았습니다. 100편의 모음글로 이루어진 이 책이야말로 내가 받은 큰 선물이었습니다. 책의 내용이 살아온 길을 되돌아보게 하고, 현재의 모습도 점검하게 하면서, 남은 생애에 대한 방향 찾기에도 도움을 주는 글들로 풍성하였기 때문입니다.

허식 목사님은 인물로서도 매우 강한 향기가 있는 분입니다. 농담도 잘하지만, 그러나 생각과 의식은 언제나 진지하고 철저한 분입니다. 빈틈을 쉽게 보이지 않습니다. 본인은 물론, 사모님의 병환 중에서도 목사님은 무너질 수 있는 흐름에 밀리지 아니하고 도리어 그 기간에 이런 내용 있는 책을 출간해낼 줄 아는, 소위 상황을 호전시키며 역으로 치고 나가는 능력을 갖춘 분입니다. 특히 그는 정보력이 탁월하여 다양한 지식들을 보유하고 있어서, 동료들 보다는 언제나 새롭고 다양한 삶의 교훈들과 정보들을 쏟아내며 살아온 분입니다. 그래서 목사님과 함께 있으면, 뭔가 늘 얻어내는 것이 있었습니다. 좋은 이웃의 모범이지요!

요즈음도 나는 목사님이 카톡을 통하여 매일 보내는 짧은 성경구절과 함께 하루를 시작하고 있습니다. 두 개의 번역본과 한 개의 영어판, 그리고 꽃도 가꾸어야 더욱 아름답습니다.

아름다운 꽃 사진을 첨부하여 보내는 그의 손길은 항상 따뜻합니다. 그는 카톡을 통하여 심방하듯 그렇게 우리를 찾습니다. 인터넷 시대에 필요한 목자상을 보는 듯해서 참 기쁩니다. 특히 지금처럼 목마른 시대에 그의 그러한 성실한 영적 서비스는 그의 이웃을 섬기려는 아름다운 인격의 산물임이 분명합니다.

목사님은 비록 현장 은퇴자이긴 하지만, 그의 사상과 꿈과 지식의 연령은 아직도 한참 젊어서, 이번 『꽃도 가꾸어야 더욱 아름답습니다』란 책을 출간할 수 있었습니다. 책의 제목에서도 목사님의 구도자적이고 균형 잡힌 개성이 잘 드러났다고 보입니다. 주어진 꽃으로 만족하지 아니하고 그것을 보다 더 높은 차원의 아름다움을 발산하게 하는 길이 무엇인지를 계속 관심하고 있기 때문입니다.

목사님의 그런 관점은 책 전반에서 잘 드러나 있음을 봅니다. 목사님은 성숙한 인간과 미래를 책임질 인간, 그리고 삶의 행복을 누릴 인간을 매우 갈망하는 마음을 그의 책에 강하게 담았습니다. 암 투병 중인 친구를 위해 자기 머리도 깎을 줄 아는 인간, 하지만 공짜가 없는 세상이기에, 헛된 욕심에 빠져들지 말고 맡겨진 일에 삶의 책임을 다할 줄 아는 인간을 찾는 글을 담아냈습니다.

어떤 경우에도 포기하지 아니하는 인간상을 요구하고(이야기 하나), 상대를 서로 다른 측면에서 보는 관점을 가져야 한다고 권합니다. 특히 바나바처럼 지도자를 세워주는 인간상이 필요함을 역설합니다(이야기 둘). 인간이 책을 쓰지만 그러나 책이 사람을 만드는 것도 사실임을 지적하면서, 사물의 상호 양면적 관계를 함께 볼 것을 일깨우기도 했습니다(이야기 셋). 내일의 일꾼이 되려면 미래를 보는 큰 안목이 필요함을 강조하였고(이야기 셋), 어떤 경우에도 '감사하다'고 말만하면 인간은 행복할 수 있고(이야기 넷), 또 사흘만 견디면 다 넘어가는 것이 인생임을 일깨우기도 했습니다(이야기 다섯).

책은 저자의 마음과 삶의 거울이기도 합니다. 평생을 목사와 교사로서 그리고 생명들을 돌보던 목자로서 지내온 저자의 다양한 삶의 경험과 회한, 그리고 인생 후배들을 향한 소망과 바람 등을 담아서 이 책을 출간하였습니다.

저자는 가꾸어야 더욱 아름다워지는 것이 꽃이라고 했는데, 그게 어찌 꽃들뿐이겠습니까? 내 신앙과 인격도 가꾸어야만 더욱 아름다운 인생이 될 것 아니겠습니까?

그런 점에서 목사님의 이 책은 자신의 인생을 사랑하여 더욱 건강하고 풍요로우며 행복하도록 가꾸기를 원하는 모든 분들에게 꼭 필요한 지침서로 충분하기에 여러분 모두에게 일독을 권하는 바입니다.

양무리교회 담임목사,
한국기독교장로회 직전(제100회) 총회장

최부옥 목사

차례

이야기 하나

살아있는 희망

이야기 하나

살아있는 희망

위대한 발명품

중학교 때 영어 단어를 암기하는데 참 힘들어 했던 기억이 납니다. 기억력이 약해서 영어 단어를 암기하는데 힘들어 했고 그래서 영어 성적이 좋지 않아 영어에 흥미를 느끼지 못하였거니 했습니다. 지금 생각해 보면 영어 공부에 흥미를 느끼지 못하였기에 영어 단어 암기가 힘들었고 그래서 영어 성적이 안 좋을 수밖에 없었고, 그러니 영어에 흥미가 더 떨어졌을 것입니다. 늦게나마 아무 탈이 없는 정상적인 저의 기억력만 탓한 잘못을 탓하여 봅니다.

몇 년 전 미국의 유명한 작가인 존 브록만John Brockman이 저명한 과학자 110명에게 물었습니다.

"지난 2,000년 동안에 가장 위대한 발명품이 무엇이라고 생각합니까?"

문자, 컴퓨터, 스마트폰, 민주주의, 시계…, 다양한 대답이 나왔답니다.

그런데 유명한 과학저술가 더글러스 러시코프Douglas Rushkoff는 독특한 대답을 했습니다.

"지난 2,000년간 가장 감동적인 발명품은 바로 지우개입니다."

왜 하필이면 지우개냐고 묻자 이렇게 대답했습니다.

"지우개는 인간의 실수를 수정하고 지워줍니다. 그리고 지우개는 아픔을 지워지고, 용서해줍니다. 수정할 수 있다는 것 그 자체만으로도 인류 최대의 발명품입니다."

컴퓨터에 지우개인 'del(delete)'키가 없다면 컴퓨터는 사용하지 못할 것이

21

꽃도 가꾸어야 더욱 아름답습니다.

고, 과거의 아프고, 괴로운 기억을 지울 수 없다면 생존이 어려울 것입니다. 아프고 힘든 기억은 빨리 지우고 새 출발하기를 권해드립니다. 기억을 지울 수 있다는 것은 큰 축복입니다.

참고 ————————————

존 브록만 엮음, 이영기 옮김,『위험한 생각들: 당대 최고의 석학 110명에게 물었다』, 웅진씽 크빅, 2007
사랑밭 새벽편지 2015년 10월 23일자

산위에서 내려와서…

어느 날 예수는 제자들과 함께 산 정상에 올랐습니다. 운동 삼아 등산을 즐기려는 것이 아니라, 깊은 뜻이 있었기 때문이었습니다. 산 정상에서 예수는 이미 하늘나라에 가 있는 모세, 엘리야와 대화를 나누었습니다. 그 현장에는 하늘나라의 광채가 나타났습니다. 제자들은 이 황홀한 광경을 바라보다가, 드디어 베드로가 입을 열었습니다. "선생님, 우리가 여기 있으니 참 좋습니다…" 왜 베드로뿐이겠습니까? 우리도 종종 우리에게 주어진 현실에 안주安住하려 합니다.

우리의 잠든 영혼을 일깨우는 토마스 아 켐피스Thomas a Kempis(1379-1471)의 글을 살펴봅니다.

> "…예수와 그의 나라를 사모하는 사람은 많이 있지만 그의 십자가를 지는 사람은 매우 적다. 예수의 위로를 원하는 사람은 많이 있지만 그와 함께 고난을 받으려는 사람은 매우 적다. 예수와 함께 잔치에 참여코자 하는 사람은 많이 있지만 그와 함께 금식에 참여하려는 사람은 매우 적다. 예수와 함께 떡을 나누기 원하는 사람은 많이 있지만 그와 함께 고난의 잔을 마시기 원하는 사람은 매우 적다. 예수의 기적을 보고 경탄하는 사람은 많이 있지만 그와 함께 십자가의 수치를 감당코자 하는 사람은 매우 적다."

많은 사람이 예수를 존경하며 사랑합니다. 그 마음이 진심이라면, 머물고 싶은 산위에서 내려와 병든 자, 가난한 자, 옥에 갇힌 자, 노숙인, 약한 자, 힘없는 자들을 보살피며 그들과 함께 사는 삶이어야 할 것입니다.

1994년 4월

살아있는 희망

많은 사람이 말하기를 "병은 '약'으로 고치는 것이 아니라, '나으리라.'는 희망이 병을 고친다."라고 말합니다. 만일 환자가 자신의 병에 대해 스스로 절망한다면, 그는 아무리 좋은 의약과 훌륭한 의술이 적용된대도 쉽게 호전되지 못할 것입니다. 그러나 환자가 자신의 병이 나을 것이라는 강한 희망과 의지를 가질 때, 그의 병은 놀라울 만큼 빠르게 치유되는 것을 봅니다. 현대인들에게 있어 문제는 희망이 없다는데 있습니다. 독일의 신학자 몰트만Jürgen Moltmann(1926-)은 희망을 갖지 않는 것, 체념, 게으름, 비애가 바로 죄라고 말하였습니다.

인간은 한때 과학의 힘으로 이 땅위에 낙원樂園을 건설할 수 있다고 확신했었습니다. 그러나 곧 그것이 인간의 교만임을 알게 되었습니다. 과학이 만들어 놓은 세상은 낙원 대신에 무서운 전쟁의 무기로 가득 찬 세계일뿐입니다. 이러한 인간의 교만 뒤에 나타난 것이 절망입니다. 과학이 제시하였던 미래의 꿈이 깨어지면서 현대인은 희망을 잃었습니다. 하나님은 이러한 인간들을 향하여 희망과 구원이 있음을 알려주셨습니다.

사도 베드로는 우리에게 살아있는 희망에 대해서 이야기해주고 있습니다. 예수를 죽은 자 가운데서 부활하게 하신 하나님께서 주시는 희망이라고 말합니다. 그 희망은 살아있는 희망입니다. 결코 사라지거나, 희미해지거나, 위태로워지는 일이 없는 희망입니다. 우리는 살아있는 희망으로 영원한 생명을 누리게 됩니다. 그것은 세상의 부귀나 영화와 같이 썩어지고 사라질 기업이 아니라, 하늘나라에 예비해둔 영원한 기업입니다.

성경은 이 땅에서 희망을 잃은 인간을 향하여 눈을 들어 하늘나라를 바라보라고 합니다. 하늘나라를 기다리며 앞당겨 하늘나라의 시민으로 사는 사람은 모든 절망에서 벗어나 새롭게 살아있는 희망을 발견하게 되고, 온갖 기쁨과 평화가 넘치게 될 것입니다.

1995년 4월

참고 ────────────

위르겐 몰트만(Jürgen Moltmann) 저, 이신건 역, 『희망의 신학』, 대한기독교서회, 2002
CBS 헬로QT [오늘의 양식] 2013년 11월 25일자

꽃도 가꾸어야 더욱 아름답습니다.

허리 굽혀펴기 운동

허리운동은 뒤로 젖히는 운동과 앞으로 굽히는 운동이 있습니다. 뒤로 젖히는 운동/교만은 사람들로부터 인정을 받지 못하고 무시당하지만, 앞으로 굽히는 운동/겸손은 사람들로부터 인정을 받으며 칭찬받는 생명운동입니다.

허리 굽혀 남을 업어주길 바랍니다.

인도의 성자라 일컬어지는 선다 싱Sundar Singh이 다른 한 사람과 눈보라 휘날리는 길을 가고 있었습니다. 눈은 무섭게 내리고 갈 길은 먼데 두 사람 앞에 쓰러져 있는 한 사람이 보였습니다. 눈길에 지쳐 쓰러져 죽어가고 있는 사람이었습니다. 그러나 아직 생명이 붙어 있었습니다. 선다 싱은 데리고 가자고 하였으나, 다른 사람은 그러다간 모두 다 죽는다고 먼저 가버렸습니다. 할 수 없이 선다 싱 혼자서 죽어가는 사람을 업고 가기 시작했습니다. 한참을 가다 선다 싱은 자기보다 먼저 간 사람이 얼어 죽어 있는 것을 보았습니다. 혼자 살겠다고 먼저 갔지만 혹한에 얼어 죽었고, 한 사람을 업고 길을 가던 사람은 두 사람 사이에 체온이 통하고 업는 일이 힘들어서 추위를 이길 수 있었습니다.

청소를 자주 하길 바랍니다.

휴지나 쓰레기를 버리지 않는 일에만 만족하지 말고, 버려진 휴지나 쓰레기를 줍고 청소하는 일을 자주 합시다. 청소는 자연을 보호하고 사랑하는 일에 참여하는 방법의 하나입니다. 또한 청소하는 일이 사람과 자연을 함께 살리는 길이기도 합니다.

인사를 열심히 하길 바랍니다.

머리만 굽히는 인사가 아니라, 허리까지 굽히는 배꼽 인사를 하기 바랍니다. 아는 사람에게만이 아니라 모르는 사람에게도 먼저 인사하는 사람은 예의바른 사람으로 인정받습니다.

'누구든지 으뜸이 되려는 사람은 모든 사람의 종이 돼야 한다.'라는 말처럼 솔선수범하여 겸손히 허리 굽혀 겸손히 사는 삶, 자연을 보호하는 삶, 인사를 잘하는 삶이 자신 만이 아니라 우리 사회와 자연을 살리는 삶이라는 것을 아는 사람들이 더욱 많아졌으면 합니다.

1995년 5월

새사람을 입으십시오

'새사람'이라는 단어를 들으면, 갓 결혼한 신부新婦가 떠오릅니다. 전통적으로 갓 결혼한 신랑 신부를 가리켜 '새색시, 새신랑'이라고 부르는데, 이 새색시를 가정의 어르신들은 '새애기' 또는 '새사람'이라고 부르기도 합니다. 전통적으로 결혼은, 새로운 가족이 영입되는 것을 의미해 왔기 때문입니다.

성경이 말하는 '새사람'은 전혀 다른 차원의 의미를 내포하고 있습니다. 세상 사람들이 일반적으로 추구하는 가치를 기준삼아 아무런 변화 없이 살아가는 사람을 '옛사람'이라고 말합니다. 그에 반해 '새사람'은 허망한 것과 방탕한 것과 더러운 것을 버리고 새로운 삶을 배우는 사람입니다. 유혹과 욕심으로 세속적인 삶의 방식을 좇던 옛사람을 버리고, 의롭고 새롭게 지음을 받은 사람입니다. 새사람으로 옷 입은 자는 새로운 삶을 사는 것입니다.

마치 연극하는 배우가 군복을 입으면 군인을, 농부처럼 입었으면 농부를, 광부처럼 입었으면 광부를 연기하는 것같이, 새사람으로 살려는 사람은 옛사람으로 있었던 때의 모든 언행심사 일체를 벗어버려야 합니다. 그렇게 살 때 새사람이라는 칭호에 어울릴 수 있습니다.

그렇다면 새사람은 어떤 사람인가요? 한 마디로 자신만을 생각하지 않고 여럿이 함께 사는 삶을 살려고 노력하는 사람입니다. 이런 사람은 분憤을 내었다가도 곧 자기 자신의 부족함을 살피고 용서를 구합니다. 미움과 원망을 조장하는 악의 세력에게 기회를 주지 않습니다. 화를 내거나 더러운 말을 입 밖에 내지 않습니다. 오직 덕德을 세우려고 노력합니다.

새 옷을 입고 새 출발하는 새봄이 시작되었습니다. 그러므로 온갖 원망과 불평하는 말을 버리고 친절과 사랑을 베푸는 삶이어야 합니다. 서로 덕을 세우며 여럿이 함께 살아가는 새사람으로 산다면 날마다 더 젊어지는 삶이 될 것입니다.

꽃도 가꾸어야 더욱 아름답습니다.

자연의 은총

지금 우리가 함께 부르는 찬송가 79장(통일 40장)은 특별히 많은 사람들의 사랑을 받는 찬송가 중의 하나입니다. 곡도 좋지만 가사 하나 하나가 매우 아름답습니다.

1절/　주 하나님 지으신 모든 세계 내 마음속에 그리어 볼 때
　　　하늘의 별, 울려 퍼지는 뇌성, 주님의 권능 우주에 찼네.

(후렴)　주님의 높고 위대하심을 내 영혼이 찬양하네.
　　　주님의 높고 위대하심을 내 영혼이 찬양하네.

2절/　숲 속이나 험한 산골짝에서 지저귀는 저 새소리들과
　　　고요하게 흐르는 시냇물은 주님의 솜씨 노래하도다.

3절/　주 하나님 독생자 아낌없이 우리를 위해 보내주셨네
　　　십자가에 피 흘려 죽으신 주 내 모든 죄를 대속하셨네.

4절/　내 주 예수 세상에 다시 올 때 저 천국으로 날 인도하리
　　　나 겸손히 엎드려 경배하며 영원히 주를 찬양하리라.

자연의 모든 것들이 창조주의 영광을 찬양한다는 노랫말입니다. 우리는 창조주의 은혜 가운데에서 살아갑니다. 그런데 그 은혜는 사람들에게서만 느낄 수 있는 것이 아닙니다. 사실은 창조주께서 자연을 통해 한없는 은혜를 우리에게 내려 주셨습니다. 그런데 우리가 그것을 느끼지 못하며 살아

가고 있는 것입니다. 우리들에게 민감한 감각이 있다면 자연을 통해 우리에게 주시는 은총을 느낄 수 있을 것입니다. 어느 글에서 "자연의 은총"이라는 말을 발견하기도 했습니다. 자연의 변화 속에서 철따라 느낄 수 있는 감격과 감동을 말하고 있었습니다.

이번의 수학 여행기간 동안 창조주가 창조하신 자연과 환경을 통해 창조주의 은총과 섭리를 배우고 익히는 귀한 기회가 되었으면 합니다.

2003년 5월

꽃도 가꾸어야 더욱 아름답습니다.

아름다운 향기를 풍겨야

고진감래苦盡甘來; 고생은 쓰나 그 열매는 달다. 라는 말로 사람들을 격려하며 위로할 수 있었던 때가 있었습니다. 이제는 첫째도 실력, 둘째도 실력, 셋째도 실력이라고 말하는 시대가 되고 말았습니다. 정말로 실력만 있으면 다 되는 세상인가요?

실력/능력을 쌓아야 합니다.
역시 실력이 중요하다고 할 수 있겠습니다. 구체적으로 컴퓨터는 자유자제로 다룰 수 있어야하고, 자동차 운전면허는 기본이요, 외국어는 많이 할수록 좋은 세상이 되었습니다. 그리고 전문적인 기술을 스펙으로 가져야하는 세상입니다.
전문적인 능력/실력이 필요합니다. 여기에 약속시간관리을 잘 지키며, 언행일치言行一致하는 성실한 삶이 뒷받침이 되어야 합니다. 능력만 있고 성실하지 못하면 큰 도둑이 될 가능성이 높습니다. 성실하기만 하고 능력이 없으면 또한 무능한 사람이 될 가능성이 높습니다. 그러기에 최고最高의 실력보다 최선最先을 다하는 삶이 더 값지다는 것을 알았으면 합니다.

오염되지 않아야 합니다.
바다에서 짠 바닷물을 먹고 사는 물고기이지만 그 생선의 살은 짜지 않아 요리할 때 소금을 넣어야 하는 것처럼 바다와 같이 오염된 세상에 살지언정 물고기처럼 오염되지 않은 채 살아가야 합니다.

32

아름다운 향기를 풍겨야 합니다.

자기를 찍는 도끼날에도 향기를 진하게 풍기는 향나무처럼 다른 사람들에게 아니 자기를 해치는 사람에게도 아름다운 향기를 내어 풍기며 살아갈 수 있어야 합니다.

특별히 오염된 세상에서 오염되지 않으면서도 아름다운 향기를 풍기며 살아가는 삶이 그리워지는 때입니다.

2004년 5월

생수의 역할

액체에서 고체로, 고체에서 기체로, 기체에서 액체로의 다양하게 변하는 물의 마법魔法은 우리들을 매혹시키고도 남습니다. 물[水]은 불[火] 그리고 공기空氣와 더불어 인간의 삶에 가장 결정적인 영향을 미치는 요소의 하나입니다. 인간의 몸은 75%가 물로 이루어져 있습니다. 이중 단 1%만 부족해도 우리는 목마름을 느끼게 되며, 또한 4%가 부족하면 감각을 잃거나 정서가 불안해지고, 20%를 잃게 되면 죽음에 이르기도 한답니다. 또한 물은 우리의 몸과 마음을 치유, 혹은 정화시켜 주기도 합니다.

물의 귀중함은 진흙과 물의 관계에서도 그 의미를 찾을 수 있다고도 합니다. 진흙에 물이 더해지고 물의 양이 적절하기만 하면 반죽이 되어 모양을 다시 만들 수 있습니다. 진흙이 수세기 동안 굳어졌다 해도 물을 더하기만 하면 새로운 모양이 될 수가 있습니다. 물기가 여러 해에 걸쳐서 안정된 상태로 남아 있을 수 있기 때문입니다. 진흙 반죽이 불가능한 때는 섭씨 500도 이상으로 진흙이 가열될 때뿐이랍니다. 그럴 때에는 물기가 다 빠져버리기 때문입니다. 물과 진흙은 확실히 서로 다른 물질이지만 진흙으로 어떤 모양을 만들어 내려면 진흙 속에 물이 있어야 한답니다.

절대자와 우리는 분리되고 구별되는 존재입니다. 그러나 자신을 올바른 인격체로 만들려면 생수와 같은 절대자의 뜻에 따라 살아갈 때 가능하다 하겠습니다. 우리 자신이 행복하고 의미 있는 삶을 살려고 노력한다면 생수와 같은 성경의 말씀에 의지하여 살아갈 때 진흙에 물을 부어 새로운 물건을 만들 수 있듯 우리도 새롭게 빚어져 올바른 인격체로 새로운 삶을 살 수 있을 것입니다.

1995년 6월

34

바른 삶의 자세

사람의 자세에는 외형적인 자세와 내면적인 자세 두 가지가 있습니다. 외형적인 자세가 좋으면 보기도 좋고 건강에도 좋습니다. 예를 들어보면 인사를 잘하면 예의가 바르다고 칭찬도 받고, 허리, 무릎, 배 운동을 하게 되므로 몸의 건강에도 좋습니다. 특히 우리 고유의 전통인 큰절이 더 좋다고 합니다. 스포츠에서도 자세가 좋으면 보는 관중도 즐겁고 선수도 몸에 무리가 없어 좋은 결과가 나올 수 있습니다. 자세가 나쁘면 피곤하고 경기 내용도 좋지 못할 확률이 높습니다. 이런 종류의 이야기는 얼마든지 할 수 있습니다.

강조하고자 하는 것은 외형적인 자세보다는 내면적인 삶의 자세입니다. 우리가 생활하면서 남을 바르게 이해하려는 자세가 참으로 필요합니다. 남의 입장을 바르게 이해하려는 노력이 있었다면 국가나, 단체나, 개인이 겪었던 비극이 많이 감소했을 것입니다.

다른 사람을 이해하려면 어떤 자세를 가져야 할까요?

영어에 'understand이해하다'라는 단어가 있습니다. 'understand'를 분해하면 'under아래, 밑'와 'stand서다'로 되어 있습니다. 즉 아래에 선다는 뜻입니다.

또한 처지를 바꾸어서 생각한다는 역지사지易地思之라는 사자성어四字成語가 있기도 합니다. 상대방의 입장에 서서 생각하면 이해 못할 일이 없을 것입니다.

교만하지 않고 항상 겸손한 마음과 자세를 가지고 사람들을 상대하며 꽃도 가꾸어야 더욱 아름답습니다.

살아가면 도리어 사람들로부터 인정받고 대접받을 수 있음을 아는 것이 바르게 삶을 살아가는 지혜입니다.

2000년 7월

참고 ──────────

편집부 편저, 『십분간의 사색』 27호, (대성중·고등학교, 2000년), 조기엽 글 '자세'에서

포기하지 않는 사람

세계 2차 대전을 승리로 이끈 영국의 처칠Winston Leonard Spencer Churchill (1874-1965) 수상이 1945년 7월 수상 직을 사임하고 고향에서 생활하고 있는 어느 날, 어려서 다닌 헤로우에 있는 모교에서 후배들에게 격려의 말씀을 해 달라는 부탁을 받았습니다. 학생들은 강당에 모여 어떤 이야기를 하나 귀를 쫑긋 세우고 있었습니다. 처칠 경이 단에 올라 후배들을 바라보다가는 입을 열었습니다.

"결코 포기하지 마십시오!" "Never give up!, Never give up!, Never give up!, Never! Never! Never!" 이렇게 간단히 말하고 내려왔습니다.

초등학교 3학년 때에 퇴학을 당하고 어머니의 가르침만을 받고 자란 에디슨, 그가 어머니로부터 배운 것은 배우는 것의 중요함과 기쁨 그리고 끝내 일을 이루어내는 열정이었습니다. 에디슨은 백열전구를 만드는데 무려 1,200번이나 실패했답니다. 그래서 누군가가 "이제 딴 방법을 찾으시지요." 라고 말하자 에디슨이 고개를 저으며 말했습니다. "나는 1,200번 실패한 것이 아니라, 그 1,200가지 방법으로 되지 않는다는 사실을 발견한 것이오." 마침내 1,201번째의 실험에서 백열등을 만드는데 성공했습니다.

'성공 세미나'에서 강사가 이렇게 물었습니다.
"여러분, 발명왕 에디슨을 생각해 보십시오. 얼마나 실패를 많이 했습니까? 그가 포기했을까요?"
"포기하지 않았습니다!"라고 수강생들은 대답했습니다.

꽃도 가꾸어야 더욱 아름답습니다.

"처음으로 비행기를 타고 대서양을 횡단했던 찰스 린드버그도 얼마나 많은 실패를 거듭했는지 모릅니다. 그가 포기했을까요?"

"포기하지 않았습니다."

또 이렇게 묻습니다.

"멕키스트가 포기했을까요?" 그러자 사람들은 가만히 있었습니다. 멕키스트가 누군지 몰랐던 것입니다.

한 사람이 묻습니다.

"강사님, 멕키스트가 누구입니까?"

강사가 대답했습니다.

"멕키스트는 포기한 사람입니다."

역사는 포기한 사람을 기억하지 않습니다.

2004년 9월

참고

이영순 편저, 『365일 생명의 만나』 5월 29일자, 보이스사, 2000

생각하기에 따라…

교도소에 있는 재소자들과 수도원의 수도사들의 공통점은 세속의 사람들과 같이 생활하지 않는다는 점입니다. 그러나 교도소의 재소자들은 타의에 의해서 세상과 격리된 생활을 합니다. 이와 달리 수도원의 수도사들은 자의에 의해서 세상과 단절된 수도원에서 생활합니다.

교도소의 재소자와 수도원의 수도사는 둘 다 세상과 격리되어 고독하고 불편한 생활을 하는 것은 같지만, 재소자는 자신이 처한 상황과 환경을 불평하거나 다른 사람을 저주하는 마음들이기에 교도소가 그야말로 괴로운 곳이 되고 맙니다. 그러나 수도사는 깊은 진리를 찾아 스스로 나선 사람들이기에 아무리 환경이 힘들어도 쉽게 마음이 흐트러지지 않고 올곧은 믿음과 맑은 정신으로 살아갑니다.

만약 재소자가 수도사와 같은 마음을 가진다면 교도소는 수도원이 되고, 수도사가 불평을 하며 재소자와 같은 마음을 가진다면 수도원은 교도소와 다를 바 없게 될 것입니다.

이스라엘 민족이 출埃 이집트할 때의 이야기입니다. 가나안을 정탐하고 돌아온 정탐꾼은 12명이었습니다. 이들 중, 10명은 매우 부정정인 보고를 합니다. 그들이 본 것은 객관적이고, 과학적인 현상이었습니다. 그리고 이 보고는 한 사람이 아닌 12명이 공통으로 본 현상들입니다. 보고, 듣고, 느낀 것을 현상 그대로 보고하였습니다. 그러나 여호수아와 갈렙, 이 두 사람은 객관적이고 과학적인 현상을 보는 눈이 아닌 전혀 다른 눈으로 현실을 보았습니다. 이 두 사람은 믿음의 눈과 긍정적이고 자신감이 넘치는 자세로 문제해결의 방법을 내놓고 있습니다. 똑같은 현상을 보고 왔지만 그들의 보고는 180도 다른 편에 서 있었던 것입니다. 똑같은 것을 보았는데 왜 다르게 보고한 것일까요? 이 보고의 차이는 바로 생각하기에 따라 생긴 차이인 것입니다.

　오늘 우리의 현실은 매우 어렵습니다. 그러나 우리를 괴롭히는 것은 이런 외부적인 조건과 현상보다 마음의 불안입니다. 재물이 많은 부자보다 더 좋은 부자는 마음의 부자입니다. 아무리 재물이 많아도 마음이 불안하면 행복할 수 없습니다. 그러나 재물이 조금 부족하여도 마음이 넉넉한 사람은 행복합니다.

2009년 9월

흠이 없는 사람

식탁에서 생선을 대할 때마다 이런 생각을 하곤 합니다. "왜, 생선은 바다에서 사는데도 그 살은 짜지 않을까?" 도리어 생선을 요리하는 주부들은 간을 맞추기 위하여 적당량의 소금을 넣지 않으면 안 될까요? 바닷물 속에서 태어나고 거기서 자라고 거기서 일생을 보내는 물고기, 그러나 그 내부에는 소금기가 들어가지 않는다는 사실은 얼마나 놀라운 일인지 모릅니다.

사람은 자기가 사는 환경의 영향을 피할 수 없고, 그래서 그 사회를 닮아간다고 합니다. 그러나 어떤 사람들은 그 사회를 닮아가며 사는 것이 아니라, 도리어 그 사회를 변화시키며 살기도 합니다.

우리가 사는 사회는 바로 '어그러지고 거슬리는 세대'라고 말을 하기도 합니다. 즉 도덕적으로 부패하고 오염된 세상이라고들 말합니다. 이 사회의 물결에 아무 생각 없이 덩달아 따라가는 사람, 아무 줏대도 없이 남의 흉내만 내는 사람은 이 세상을 본받는 사람이라 할 수 있습니다. 그저 유행에 처지지 않으려고 애쓰는 사람도 세상을 본받는 사람이라 할 수 있을 것입니다.

죽은 물고기는 그저 물결 따라 흘러 내려가기만 합니다. 그러나 살아있는 물고기는 힘차게 물살을 가르고 위로 올라갑니다. 우리가 이 세대 가운데서 흠이 없는 사람으로 살아가며 더 나아가 세상 사람들에게 빛으로 살 수 있는 방법은 어렵지 않습니다. 인류 역사에 빛을 던진 사람들은 한결같이 세대의 물결을 거스르며 올라가는 사람들이었습니다.

41

꽃도 가꾸어야 더욱 아름답습니다.

지금 우리사회는 시대의 가치관은 변할지라도 결코 변하지 않는 흠이 없고 믿을 수 있는 사람을 찾고 있습니다. 흠이 없고 믿을 수 있는 이들이 바로 세상을 이기는 사람들입니다. 이들이야말로 세상이 필요로 하는 사람들입니다.

1998년 10월

비교하지 맙시다

예전에 어느 신문의 한 논설위원이 페이스북facebook에 올라온 글에 공감하는 내용을 신문에 실었습니다. 내용인즉, '한 세대, 한 사람의 엉덩이가 신문지-두루마리-비데를 모두 겪어낸 나라는 전 세계에 한국밖에 없다'는 문장입니다. 이는 한국의 놀라운 경제 성장 속도를 표현한 글입니다. 지금의 경제성장은 밀어붙이기 식으로 '안 되면 되게 하라'는 무조건적인 '열심'을 보였기 때문이라고 합니다. 잘 사는 일이라면 부정부패를 눈감아 주는 폐단도 감수했지만, 세대를 초월하여 전국민 모두가 열심을 내어 일한 결과로 현재의 부富를 이룩하게 되었다는 설명입니다.

최근 한국보건사회연구팀의 여론조사에 의하면, 가난이 '개인의 탓이다'라는 여론은 41.8%, '사회구조 탓이다'라는 여론은 58.2%를 기록했답니다. 더욱더 심각한 것은 30대는 무려 70.2%나 후자를 선택했다는 것입니다. 물론, 양쪽 다 그렇게 말하는 데에는 충분한 이유가 있으며 어느 정도는 옳습니다. 다만, 이런 현상 속에서 우려되는 것은 모든 잘못의 이유를 내 탓이 아닌 남의 탓으로 돌리는 것은 아닐까 하는 점입니다.

구약성경 창세기에 가인과 아벨이 등장합니다. 이들은 형제로 각각 열심히 사냥하고 농사지은 것들로 각각 하나님께 제사를 드렸습니다. 그런데 이상하게도 하나님은 가인의 제사를 받지 않으셨고, 그 일로 가인의 안색이 변합니다. 결국 가인은 자신의 잘못이 무엇일까 되돌아보지 않은 채 아벨을 주목하기 시작했습니다. 가인의 아벨에 대한 시기는 끝내 아벨의 죽음을 부릅니다.

꽃도 가꾸어야 더욱 아름답습니다.

　사람은 전지전능한 절대자가 아니라서 능력의 한계를 지닌 존재입니다. 따라서 자신의 유한성과 문제점을 성찰해야 합니다. 주변의 사람을 주목하여 그와 비교하여 결국 그 사람 때문에 문제가 생겼다고 생각하기 시작하면, 살인殺人이라는 엄청난 죄도 지을 수 있게 됩니다. 형제란 좋은 동반자입니다. 서로 비교하는 것이 아니라, 도전을 주고받으며 완전하지 못한 존재들로서 서로 인정하고 협력하며 살아가야할 좋은 동반자요 이웃입니다.

2013년 11월

44

말을 잘 듣는 사람

미국의 남북 전쟁이 한창일 때 권력이 강한 한 사람의 비위를 맞추기 위해 대통령인 링컨Abraham Lincoln(1809-1865, 재임 1861-1865)은 보병연대의 이동을 명령 했습니다. 그 당시 국방부 장관이었던 스탠턴Edwin McMasters Stanton(1814-1869)은 대통령의 명령이 잘못되었다는 것을 알고 그 명령에 복종하지 않았습니다. 그뿐 아니라 스탠턴은 대통령을 '멍청한 링컨'이라고 비난했습니다. 링컨이 이 사실을 다른 사람의 입을 통해 듣게 되었을 때 이렇게 말했다고 합니다.

> "스탠턴이 그랬다면 맞는 말일거요. 그는 거의 틀린 판단을 한 일이 없었소. 그러니 내 명령을 연기하고 그 사람의 말을 들으시오."

다른 사람의 충고에 귀를 기울일 수 있었던 링컨 대통령은 멍청한 링컨이 아니라 훌륭한 링컨이었습니다. 또한 계급이 자신보다 높지만 옳고 그름에 대해 자신의 의견을 제시할 수 있었던 스탠턴도 훌륭한 사람이었습니다. 비록 자신보다 아래 사람의 판단과 말이라 할지라도 올바르다면 수긍할 줄 아는 사람이 훌륭한 사람입니다.

> "온유한 대답은 진노를 가라앉히지만 과격한 말은 분노를 일으킨다. 지혜로운 사람의 혀는 지식을 바르게 사용하지만 어리석은 사람의 입은 어리석음을 쏟아낸다."　　　　　　　　　　　　　　　　　　　(잠 15:1-2)

지혜로운 자는 자기의 말과 주장을 분명하게 잘 표현하는 일도 중요하지만 먼저 다른 사람의 말을 잘 듣는 사람이라 할 것입니다.

1998년 11월

45

가난한 마음

이 세상에는 고쳐야 할 많은 병病들이 있습니다. 그 병들을 고치기 위해 많은 사람들이 노력을 하였고 그 노력의 결과 많은 병들을 고치고 있습니다. 그런데 사람에게는 몸의 병 만 있는 것이 아니라 마음의 병도 있습니다. 사람에게 있는 병든 마음의 하나는 교만한 마음이요. 또 하나는 비굴한 마음이라 할 것입니다. 조금 되는 듯싶으면 한없이 기고만장해지고, 조금 잘못되는 듯싶으면 비굴해지기 쉽습니다.

어떤 마음을 가지고 살아가는가 하는 것이 그 사람의 인격을 결정해 줍니다. 어떤 상황에서든지 깨끗하고 고상하고 겸손하고 가난한 마음으로 산다는 것이 얼마나 소중하고 귀한 것인지 모릅니다.

특히 우리가 가져야 할 마음은 '가난한' 마음이라고 말할 수 있습니다. 이 가난한 마음이 어느 것보다 더 필요하고 중요합니다. 이 가난의 의미는 단지 물질적 가난의 의미를 넘어서서 영적靈的인 가난까지도 포함하고 있습니다.

마음이 가난하다는 뜻은 무엇을 의미하는 걸까요? 가난한 마음은 마음을 비우는 것으로 겸손한 마음입니다. 진노와 심판 앞에서 용서의 은총을 경험하게 된 나머지 감사하는 마음입니다. 절대자 앞에서 감히 얼굴도 들 수 없어 엎드렸던 세리의 마음 같은 것입니다.

솔직히 우리는 고집으로 굳어진 마음과 욕심이 가득한 마음을 가지는 대신 겸손한 마음과 양보하고 배려할 줄도 아는 가난한 마음을 가지고 살아가게 해 주십사하고 기도해야 하겠습니다.

1999년 11월

서로 짐을 나누어 지십시오

    사람들은 때때로 자신이 감당하기 어려운 여러 가지 유혹과 괴로움에 직면하기도 합니다. 그럴 때에 동정하고 위로 하며 도와주는 사람이 있다면 얼마나 큰 힘이 되는지 모릅니다. 우리에게는 다른 사람들이 어려움에 처했을 때, 바른 길에 들어서도록 도와줄 책임이 있습니다. '바로잡다'라는 단어는 부러지거나 골절된 뼈를 바로 잡거나 그물을 깁는다는 의미로 쓰이는 단어입니다. 곁길로 가는 사람을 온유한 심정으로 바로 잡아 주는 것이 우리의 삶의 태도이어야 합니다. 또한 다른 사람에게 짐을 더해 주는 사람이 아니라, 짐을 나눠지는 사람이어야 합니다.

    남을 돕는 일에 물질적인 것만을 생각하고 나는 아직 누군가를 도울 수 없다고들 생각합니다. 물질이 아니더라도 밝은 표정과 따뜻한 마음으로도 얼마든지 우리는 어려운 사람을 도울 수 있습니다. 즉 다른 사람의 잘못을 지적하여 꾸중하지 않고 돌보아 주는 것이 바로 우리의 일이어야 합니다. 성경은 자신도 언제든지 어려움을 겪을 수 있다는 심정으로 겸손하게 이웃을 돌보아 주어야 한다고 권합니다.

    금년 새해가 밝아 왔습니다. 꿈과 희망을 가지고 많은 일들을 계획하고 진행하리라 봅니다. 그러나 IMF시대를 맞이하여 경제적으로 어려운 이때에 절약하고 인내하며 살아가야만 하는 시대이기도 합니다. 이제는 다른 사람을 괴롭히며 피해를 주며 살 것이 아니라 서로 짐을 나누어지며 서로 돕고 협력하기에 여럿이 함께 사는 삶을 살아가야 할 때입니다.

1998년 2월

꽃도 가꾸어야 더욱 아름답습니다.

효孝는 다 통합니다

전 고려대학교 총장 홍일식(1936-) 교수가 미국의 로스앤젤레스를 방문했을 때의 일이랍니다. 미국의 로스앤젤레스에는 한국인이 많이 살고 있고, 따라서 한국 음식점도 많습니다. 그는 음식점에서 식사를 하면서 주인에게 인사조로 "장사가 꽤 잘 되지요?"라고 물었습니다.

그랬더니 주인은 갑자기 어두운 얼굴로 "장사는 잘 되는데, 장사가 잘 되면 뭐합니까?"라고 대답했습니다. 사연은, 그 지역 흑인 불량배들이 행패도 부리고 돈도 빼앗아 가곤 한다는 것입니다. 처지를 딱하게 여긴 홍일식 교수는 어떤 '영감靈感'이 떠올랐습니다.

그 '영감'이란, 어떤 특별한 날을 정해 놓고 노부모를 모시고 오는 흑인에게는 음식을 원하는 만큼 무료로 제공하고, 노부모를 공경하는 것이 한국의 오랜 전통임을 그들에게 알려 주라는 것이었습니다.

한국의 '효孝 사상'에 감복한 흑인들이 폭력을 거두어들일 것이라고 생각했기 때문입니다. 당시 주인의 반응은 시큰둥했지만 이후 식당 주인은 계속되는 흑인들의 횡포에 자포자기하는 심정으로 홍일식 교수의 제안을 실행해 보았다고 합니다.

약속대로 노부모를 모시고 온 가족에게 음식을 무료로 대접했습니다. 그런데 효과는 엄청났다고 합니다. 흑인들의 폭력이 사라진 것은 물론, 다른 지역의 흑인들이 멋모르고 들어와서 행패를 부리면, 그 동네 흑인들이 달려와서 그 흑인들을 쫓아내는 일까지 생겼습니다. 오히려 흑인들의 보호를 받으면서 영업을 하는 셈이 되었습니다.

　앞으로도 그런 행사를 정기적으로 할 예정이랍니다. 우리의 효 문화가 먼 이국땅인 미국에서 아름다운 열매를 맺은 경우라 하겠습니다. 아니 효 사상은 이렇게 깊고도 짙어서, 세상 어디에서든 '효孝'는 다 통한답니다.

　"네 부모를 공경하여라. 그러면 네 하나님 여호와가 네게 준 땅에서 네가 오래 살 것이다."

(출 20:12)

2016년 5월

참고 ────────────────

사랑밭 새벽편지 2016년 3월 8일자

꽃도 가꾸어야 더욱 아름답습니다.

감동을 회복하시오

지금 우리는 감격과 감사와 감동이 사라진 시대에 살고 있는 것 같습니다. 잃어버린 감격과 감사와 감동을 어떻게 회복할 수 있는지에 대한 답을 정채봉 저 『날고 있는 새는 걱정할 틈이 없다』(샘터사, 2004)라는 책의 '느낌표를 찾아서'라는 글에서 찾아보려 합니다.

느낌표를 사용하지 않는 사람이 있었다.
무엇을 보거나 '그렇지 뭐'로 시들하게 생각하는 사람.
아름다운 음악을 들어도 신록의 나뭇잎을 대해도
쌍무지개가 떠도 감동할 줄 모르는 사람.
파란 하늘을 보고 감탄하는 친구를 보거나 하면
'원 저렇게 감정이 헤퍼서야'하고 혀를 차는 사람이었다.
이 집(사람)에 사는 느낌표가 곰곰이 생각해 보았다.
'이렇게 쓰지 않으면 삭아 없어지고 천대받고 말 것이 자명한 이치가 아닌가.'
느낌표는 제 목숨을 부지하기 위해서도 이 집을 탈출해야겠다고 별렀다. 그러다가 어느 비 오는 날 밤, 마침내 느낌표는 이 사람한테서 떠나 버렸다.
느낌표가 **빠져나간** 줄도 모르고 있던 이 사람은 권태와 식욕부진에서 우울증으로 점차 발전했다.
보다 못해 가족들이 그를 데리고 정신과 의사를 찾아갔다.
그를 진찰한 의사가 처방을 일러주었다.
"감동을 회복하시오. 무엇을 보거나 '오!' 하고 놀라고, '아!'하고 감탄하시오. 그리하면 당신의 기력은 쉬 회복 될 수 있습니다."
하지만 이미 그에게는 느낌표가 달아나고 없었다.

50

그는 느낌표를 찾아 유명한 산으로 갔다.
유명 극장으로도 가고 유명 바닷가로도 갔다.
그러나 그의 느낌표는 그 어느 유명한 곳에도 있지 않았다.
그는 집으로 터벅터벅 돌아왔다.
목욕을 하고 한숨 잠을 자고 일어나니
문창호에 새하얀 빛이 스며들어와 있었다.
문을 여는 순간 그는 숨을 멈추었다.
그가 잠든 사이에 온 첫눈이 담장이고 마당이고를 살짝 덮은 것이었다.
'오!'
바로 거기에 그의 느낌표가 숨어 있지 않은가.
'!'

지금 재미없다고 우울해 하고 계시나요? 주변을 살피며 감탄해 보십시오. 감격과 감사와 감동을 회복할 수 있을 것입니다.

2016년 5월

참고

정채봉 저, 『날고 있는 새는 걱정할 틈이 없다』, 샘터사, 2004
윤삼열 저, 『가슴으로 말하는 사람』, 에쎈에스 미디어, 2005

친구들을 보시고…

네 명의 친구들이 한 중풍환자를 어깨에 메고 가버나움에서 말씀을 가르치는 예수에게 찾아 왔습니다. 그런데 사람들이 너무 많아 예수 앞에 다가 갈 수 없어 고민하다 예수가 머물고 있는 집의 지붕위로 올라가 지붕을 뚫어 구멍을 내고 중풍환자를 자리에 눕힌 채 달아 내렸습니다. 그러자 예수는 중풍환자의 친구들을 보시고 중풍환자를 고쳐주었습니다. 예수는 그 친구들의 무엇을 보았을까요?

친구를 아끼는 사랑을 보았습니다.

친구들은 친구인 환자의 건강을 어떻게든 회복하도록 노력하다가 기회가 왔다하고 친구를 예수에게 데려왔습니다. 예수는 친구를 사랑하는 그들의 모습을 보았습니다. 우리가 이웃을 사랑하면 해결의 길이 보이고 길이 열리는 모습을 봅니다.

협력하는 마음을 보았습니다.

친구들은 몸과 마음이 온전히 하나가 되어 서로 협력하고 있었습니다. 예수는 서로 협력하여 일을 추진하는 그들의 마음을 보았습니다. 우리가 이웃의 아픔을 볼 때 '친구가 되어' 함께 아파하고, 그들을 도울 때 영·육 간에 치유의 은총이 임할 것입니다.

포기하지 않는 믿음을 보았습니다.

그들이 예수가 있는 곳에 도착했을 때 이미 많은 사람들이 모여 있었습니다. 그때 그들은 포기하고 돌아갈 수도 있었지만 포기하지 않고 환자를 메고 지붕으로 올라가 지붕을 뚫고 예수 앞으로 달아 내렸습니다. 그들은 포기하지 않았습니다. 포기하면 방법이 없기 때문입니다.

예수는 그들의 사회적 지위나 외모가 아니라 그들의 "사랑과 마음과 믿음"을 보았습니다.

2014년 2월

참고 ─────────

CBS 헬로QT [가정예배] 2014년 1월 16일자

하늘을 나는 새와 들에 핀 꽃에게서 배웁니다

자연의 변화를 통하여서 많은 것을 배울 수 있습니다. 봄·여름·가을·겨울 사계절은 많은 것을 깨닫게 합니다. 봄에는 얼었던 땅이 녹고 풀이 돋는 생명의 소생을 통해 부활의 소망을 가지게 합니다. 여름에는 푸르른 녹음을 통해 인생의 왕성한 성장과 활동을 봅니다. 가을에는 풍요로운 열매와 단풍을 통하여 인생의 황혼을 생각하며 삶의 결실을 생각하게 합니다. 겨울에는 죽음이라는 현실을 깊이 사색하게 합니다. 요즘은 만물이 겨울에서 깨어나 삶의 기지개를 펴는 봄입니다. 생명이 약동하는 봄의 계절은 예수의 산상설교의 한 부분을 생각하게 합니다.

하늘 높이 날며 지저귀는 종달새는 우리에게 무엇을 말하고 있나요? '씨를 뿌리지도 거두지도 창고에 쌓아 두지도 않지만…' 먹이시고 키우시는 창조주의 사랑을 알려주고 있습니다.

저 들판에서 파릇파릇 솟아올라 꽃을 피우는 들꽃들을 살펴보기 바랍니다. 저 들에 핀 한 송이, 한 송이의 꽃들이 우리에게 속삭이는 것은 무엇일 것 같나요? 언 땅이 녹고 그 연약한 씨앗에서 싹이 나고 드디어는 꽃피어 향기를 날리는 과정에서 창조주의 섭리와, 아름다운 색깔과 무늬의 옷을 입혀 주시고 종족 보존을 위하여 벌과 나비를 유혹하도록 꿀과 향기를 주시는 분도 창조주이시라는 것을 증언하고 있습니다.

무엇을 먹을까? 무엇을 마실까? 염려하지 말라 합니다. 또한 내일 일을 걱정하지 말고, 오늘의 삶에 최선을 다하며 감사하며 기쁜 마음으로 살아가라고 하늘을 나는 새와 들에 핀 꽃들이 교훈하고 있습니다.

2014년 3월

참고

CBS 헬로QT 2003년 3월 4일자

이야기 둘

닮아야 합니다

이야기 둘

닮아야 합니다

선택에는 뜻이 있습니다

미국 새들백 교회의 릭 워렌Rick Warren 목사가 쓴 『목적이 이끄는 삶The purpose driven life』(고성삼 역, 디모데, 2003)이라는 베스트셀러가 있습니다. 워렌 목사는 창조주가 우리를 지으신 이유와 선택하신 목적이 있으니 이를 바로 알고 목적이 이끄는 삶을 살아야 한다고 말합니다.

하나님께서 이스라엘 민족을 선택하신 일은 결코 다른 민족들보다 수가 많아서가 아닙니다. 민족들 가운데 수가 아주 적었지만 사랑하셨기에 선택하신 것입니다. 바울을 통해 디도를 그리스에서 제일 큰 섬 크레타에 남겨 둔 데에도 이유와 목적이 있었습니다. 교인들과 교회의 지도자들인 장로들을 바로 세우고자 하였습니다. 하나님을 시인하면서도 행위로는 부정하는 가증하고 복종치 아니하는 자들을 바르게 세우고자 하였던 것입니다. 예수를 세상에 보낸 데에도 분명한 뜻이 있습니다. 세상 죄를 용서하는 희생양으로 삼고자 하였던 것입니다. 예수가 사람을 낚는 어부로서 12제자를 선택하는 데에도 뜻이 있습니다. 여기에도 인간을 향하신 한결같은 사랑이 자리하고 있었던 것입니다.

우리는 우리를 부르신 하나님의 뜻을 외면한 채 자기 잘난 맛에 사는 경우가 많습니다. 십자가의 고난이 우리의 허물과 악함을 치유하기 위한 것처럼, 우리도 부름에 합당한 삶을 위해 희생양으로 오신 예수처럼 우리 자신을 깨뜨려야 할 일입니다.

"보시오. 세상 죄를 지고 가시는 하나님의 어린양이십니다."　　(요1:29)

2006년 3월

참고 ─────────

릭 워렌 저, 『목적이 이끄는 삶The purpose driven life』 고성삼 역, 디모데, 2003
편집부 편저, 『사순절 묵상집 : 완전한 희망』 3월 2일자, 한국기독교장로회 총회교육원, 2006

심은 대로 거둡니다

　　옛날 제가 영국에서 1년간 공부하고 귀국하면서 스위스에 있는 보세이 에큐메니칼 인스튜트Ecumenical Institute Bossey에 들려서 한 세미나에 참석했었습니다. 그곳에서 인도 목사 한 분과 인사를 나누었습니다. 소개하시는 분이 그분이 브라만 출신이라는 사실을 강조하고 강조하였는데 그 땐 무슨 뜻인지를 잘 몰랐었습니다. 후에 안 일인데, 인도에서는 예수를 믿으면 모든 것을 포기해야 한답니다. 즉 예수를 믿으면 브라만이라는 신분을 포기해야합니다. 그래서 인도 사회에서의 최고의 기득권을 포기해야 하기에 가장 낮은 신분계급으로 전락된답니다. 지금 우리는 너무 쉽고 편하게 예수를 믿는 것 같습니다.

　　2000년 1월 한 달간 다른 학교 교사들과 도덕・윤리 1급 정교사 연수를 받으면서 느낀 것입니다. 일반학교의 기독교사들이 제가 기독교학교에서 근무하고 있는 것에 대하여 얼마나 부러워하는지 몰랐습니다. 우리나라의 경우 공립학교에서는 법으로 종교교육이 금지되어 있습니다. 그런 조건에서 일반학교에서 근무하는 기독교사들이 자발적으로 복음을 증거하기 위하여 참으로 많은 노력을 하고 있음을 보았습니다.

　　우리들이 하나님의 선교를 목표로 삼는 학교에서 교사로 근무하며, 복음을 전하는 일까지 담당할 수 있다는 것은 축복입니다.

심은 대로 거둡니다.

　　자연의 법칙이며 불변의 법칙이기도 합니다. 콩을 심으면 콩을 거두고, 팥을 심으면 팥을 거둡니다. 많이 심으면 많이 거두고, 적게 심으면 적게 거듭니다.

때가 있습니다.

심는 시기도 있어서 기회를 잃지 않아야 하지만 거두는 시기도 있어서 인내하고 그 때를 기다려야 합니다. 선을 행하다가 낙심하지 말라고 합니다. 때가 되어야 거둡니다.

심는 자와 거두는 자는 다를 수도 있습니다.

우리는 심는 자요 기르시는 분은 하나님이십니다. 우리는 지금 다른 사람이 심은 것의 열매를 거두고 있는지도 모릅니다. 심는 자와 거두는 자는 다를 수도 있기 때문입니다.

기회가 주어졌을 때 열심히 수고하여야 하겠습니다.

2001년 3월

꽃도 가꾸어야 더욱 아름답습니다.

믿음·소망·사랑 안에서 감사

불행과 고통의 연속선인 이 땅위에서 살고 있지만 언제나 어디서나 무슨 일에나 감사하며 살 수도 있는 것이 사람입니다.

믿음의 세계에서 감사합시다.

믿음의 세계에서 무슨 일인들 감사하지 않을 수 있을까요? 모든 일이 협력하여 유익하게 하시는 하나님을 믿을진대 어찌 오늘의 어려움을 근심하고 어찌 현재의 고통만을 슬퍼할 수 있겠습니까? 고생이 평안으로 변하기도 하며 슬픔이 즐거움으로 바뀌기도 합니다. 옥에 갇혀있었던 요셉이 이집트의 총리가 되어 슬픔이 기쁨으로 변했습니다.

희망의 세계에서 감사합시다.

희망이 있는 사람은 결단코 오늘의 불행을 비관하지 않습니다. 어두운 밤을 만나도 밝은 아침이 올 것을 기다리며, 추운 겨울일지라도 따뜻한 봄이 올 것을 기다리는 것은 소망을 가진 자만이 누리는 행복입니다. 검은 구름이 밝은 달을 가리고 있다 할지라도 구름 뒤에 밝은 달이 있음을 바라볼 수 있어야 합니다.

사랑의 세계에서 감사합시다.

사랑의 세계에서 세상의 모든 일을 살펴보면 모두 다 감사할 것뿐입니다. 예수는 십자가를 지러 가기 전날 밤에도 찬송하며 감람산으로 갔고, 바울과 실라는 감옥에 갇혀 있으면서도 찬송하며 기도할 때 옥문이 열렸습니다.

2003년 9월

세 종류의 만남

하나님은 40년의 광야 생활을 통해 모세를 연단시킨 후에 호렙산 떨기나무 불꽃 가운데서 모세와 만나셨습니다. 모세에게 이스라엘 민족을 구하는 사명을 맡겨 이집트로 돌아가 이스라엘 민족을 구출하도록 하였습니다. 이 귀한 사명을 받고 이집트로 돌아가기로 결심한 모세는 이집트로 돌아가는 과정에서 세 종류의 만남을 경험합니다.

하나님과의 만남입니다.

모세는 호렙산 가시덤불의 불꽃을 통하여 하나님을 만났습니다. 이때 모세는 자기 민족의 구출자로서의 사명을 받았으며, 하나님은 모세에게 민족의 구출자로서의 모든 능력을 행사하도록 돕겠다고 약속하셨습니다.

형제와의 만남입니다.

40년 동안의 이별 후 형 아론과 모세는 이스라엘 민족을 구출하기 위한 동역자로서 서로가 서로를 포옹하는 만남의 순간을 가졌습니다. 이들 두 사람의 만남은 모세의 출생과 함께 시작된 헤어짐의 아픔에 대한 마지막임과 동시에 이스라엘 민족과 함께 하는 새로운 삶의 시작이었습니다.

이스라엘 백성과의 만남입니다.

모세는 40년 전 자신의 생각만을 가지고 자기 민족 앞에 섰던 경험이 있었습니다. 그때의 모세는 홀로 자신의 힘만을 의지하는 사람이었지만 이제는 자신의 뜻만이 아닌 하나님의 도움에 힘입어 이스라엘 민족 앞에 섰

꽃도 가꾸어야 더욱 아름답습니다.

습니다. 모세에게 있어서 그날과 지금의 차이가 있다면 그날은 모세 혼자
였지만 지금의 모세는 아론과 함께 하나님의 능력을 힘입어 섰다는 것입
니다.

2004년 3월

꽃도 가꾸어야 더욱 아름답습니다

학교에서 제자들을 가르치고 있는 저는 씨 뿌리는 자의 비유를 아주 좋아합니다. 제자들을 가르치다가 지칠 때 빠져나갈 구실을 주는 말씀이기에….

씨앗이 문제가 아니라 밭이 문제라고 말하기도 합니다. 아무리 씨앗이 좋아도 밭이 나쁘면 좋은 수확을 얻을 수 없습니다. 그래서 우리들은 교육하다 문제가 생기면 제자들을 밭이라 생각하며 제자들에게 책임을 전가합니다.

그런데 정말 교육 현장에서 제자가 문제일까요? 아무리 밭이 좋아도 가꾸지 않으면 꽃도 아름답게 피우지 않는답니다. 꽃도 가꾸지 않으면 말라 죽고 맙니다. 꽃도 가꾸어야 더욱 아름답습니다.

밭은 좋은데…,

씨앗도 좋은데…,

가꾸지 않았기에 열매를 맺지 못하는 것은 아닌지 생각해 보아야 하겠습니다. 가꾼다는 것을 교육이라는 말로 바꾸어 말해도 틀리지 않을 것입니다.

사랑의 반대말을 미움이라고들 이야기합니다. 그런데 진정 사랑의 반대말은 미움이 아니라 무관심이라고 봅니다. 무관심하면 망칩니다.

한 번 보살펴주고 쓰다듬어주면 10배…,

세 번 보살펴주고 쓰다듬어주면 60배…,

열 번 보살펴주고 쓰다듬어주면 100배의 수확을 얻는다고 하면 맞는 말일 것입니다.

2004년 10월

1파운드짜리 빵의 무게

옛날 영국에 살던 어느 빵장수의 이야기입니다. 그는 빵을 만들어 마을 사람들에게 팔고 있었는데, 그에게는 매일 아침 버터를 만들어 공급해 주는 가난한 농부가 있었습니다.

그런데 하루는 가난한 농부가 공급하는 버터의 무게가 정량보다 조금 모자라 보이는 것입니다. 그래서 며칠을 두고 납품된 버터를 저울로 일일이 달아보았는데, 생각했던 것처럼 버터의 무게가 정량에 미달되었습니다. 화가 난 빵장수는 버터를 납품하는 농부에게 변상할 것을 요구하며 그를 법정에 고발했습니다.

이 재판을 맡은 재판관은 체포된 농부의 진술을 듣고 깜짝 놀랐습니다. 왜냐하면 버터를 공급했던 농부의 집에는 저울이 없었기 때문입니다. 그래서 재판관은 그 농부에게 어떤 기준으로 버터를 공급했는지를 물었습니다. 그러자 가난한 농부는 빵장수가 만들어 놓은 1파운드짜리 빵의 무게에 맞추어 버터를 자르고 포장해 납품했다고 말했습니다.

결국 그 빵장수가 이익을 더 남기기 위해서 자신의 1파운드짜리 빵의 크기를 줄이고 양을 줄였던 것이 문제였던 것입니다. 그것을 몰랐던 농부는 줄여서 만들어진 빵에 맞추어서 버터의 무게를 달았으니 당연히 버터의 무게가 모자랄 수밖에 없었습니다. 그리고 그 대가는 바로 다른 누구도 아닌 빵장수가 치러야 했던 것입니다. 나에게 관대하고 남에게 엄격한 사람은 결국 이런 망신을 당할 수 있습니다.

이 빵장수의 모습이 바로 우리 자신들의 모습은 아닐까요? 자기 자신에

대해서는 관대하면서도 남에게는 엄격한 우리들, 다른 사람은 규칙에 따라
야 하지만 나는 아니라는 안이한 생각들이 우리 인간을 이기적으로 만들고
있다고 느끼게 됩니다. 우리 자신의 모습은 어떠한가요?

2007년 10월

참고

편집부 편저, 『십분간의 사색』 33호(대성중 · 고등학교, 2006년), 김주헌 글 '1파운드짜리 빵
　　의 무게'에서

꽃도 가꾸어야 더욱 아름답습니다.

천금매골千金買骨

천금매골千金買骨이란 고사성어가 있습니다. 인재를 구하고 싶어 하는 전국시대 연燕나라의 소왕昭王을 위하여 곽외郭隗가 들려준 이야기에서 나온 말입니다. 옛날 말馬을 좋아하는 임금이 있었는데, 그는 천금을 주고 말을 구하려 하였습니다. 그러나 3년이 지나도록 아무런 소득이 없었습니다. 매일 불만에 차 있는 임금을 본 신하가 말하였습니다. "이 일을 제게 맡겨 주십시오." 임금이 그 일을 맡기자 신하는 천리마를 구하러 길을 떠났습니다. 석 달이 채 지나지 않아 그는 하루에 천리를 달릴 수 있는 좋은 말을 찾았습니다. 하지만 막상 이 말을 사려고 했을 때 그 말은 그만 죽고 말았습니다. 그는 한참을 생각하다가 오백 금을 주고 죽은 말의 뼈를 사 가지고 돌아왔습니다. 임금은 천리마의 뼈를 보고 매우 화가 나서 그 신하를 꾸짖으며 말했습니다. "내가 원하는 것은 살아 있는 말인데 너는 무슨 소용이 있다고 죽은 말의 뼈를 사 왔느냐? 오백 금을 낭비한 것이 아니겠느냐?" 그러자 그 신하는 웃으면서 대답하였습니다. "전하, 노여움을 푸십시오. 오백 금을 낭비한 것이 아닙니다. 전하께서 죽은 말의 뼈를 아주 비싼 값에 사들였다는 소문이 널리 퍼지면 사람들은 전하께서 진심으로 좋은 말을 아끼는 군주라고 믿게 되어 반드시 좋은 말을 바치는 이가 있게 될 것입니다." 과연 그의 말대로 1년이 지나자 어떤 사람이 세 마리의 천리마를 임금에게 바쳤습니다.

이 고사는 인재를 육성하고 등용하기 위한 방법을 우리에게 알려주고 있습니다.

인재를 찾으려는 노력입니다.

과감한 투자입니다.

아랫사람을 믿어주는 신뢰입니다.

능력을 발휘할 수 있도록 하는 배려입니다.

끝까지 기다려주는 믿음입니다.

예수의 인격을 닮은 인재 즉 진실한 기독인을 양성하기 위하여 우리는 노력하고 있습니다. 그러나 인물이 나오려면 알아주고 불러주는 사람이 있어야 합니다. 보잘 것 없는 존재도 불러주면 가치 있게 됩니다.

사람을 키우는 방법 중에 하나는 믿어 주는 것입니다. 동료들을 대할 때에 경쟁자로 대하는 것이 아니라, 함께 비전을 이루어갈 기적의 주인공으로 기대하며 또한 동역자로 인정하는 일입니다. 제자들을 가르칠 때에도 하나님의 자녀로 대하고, 축복의 통로로 기대해 주면 진정 훗날에 훌륭한 일꾼이 되어 있음을 발견하게 될 것입니다.

2007년 3월

배려配慮하는 자는 복 있는 자입니다

요즈음 우리 사회에서 가장 강조하는 덕목德目 중의 하나가 배려配慮가 아닌가 합니다. 배려는 관심을 가지고 남을 생각해주는 마음을 말합니다. 각자 자기 일을 돌볼 뿐더러 또한 각각 다른 사람들의 일을 돌볼 때, 우리의 삶은 이웃과의 관계에서, 아름다운 사회를 만들 수 있기 때문입니다.

『배려』(한상복 저, 위즈덤하우스, 2006년)라는 책에 의하면, 배려는 삶의 세 가지 조건이 된다고 합니다.

행복의 조건이 됩니다.

남을 배려하는 삶을 살 때 오히려 자신이 행복해진다는 것입니다. 기독교의 황금률도 "너희가 남에게 대접을 받고자 하는 대로 남을 대접하라."(눅 6:31)라고 합니다.

즐거움의 조건이 됩니다.

남을 배려하지 않고 내 것만 챙기는 사람에게는 참 기쁨이 올 수가 없습니다.

성공의 조건이 됩니다.

배려와 성공은 정비례합니다. 인간관계에서도 이기적인 사람은 결코 성공할 수 없습니다. 모진 마음으로 남을 눌러 출세하는 것은 진정한 성공이 아닙니다.

억울하게 감옥에 갇힌 요셉은 자기 코가 석자인데도 술 관원과 떡 관원의 근심하는 모습을 보고 그들의 꿈을 해석해주는 배려의 삶을 살았습니다. 이 일이 계기가 되어 그는 바로의 꿈을 해몽하게 되었고 이집트의 총리가 되었습니다. 선한 사마리아인의 비유를 보더라도, 배려의 삶을 산 사람이 결국 인정받는다는 것을 알 수 있습니다. 〈월드비전World Vision〉이라는 세계적인 어린이 구호기관도, 한국전쟁 당시 종군기자였던 밥 피어스Bob Pierce(1914~1978) 목사가, 길거리에서 고아가 깡통을 들고 있는 모습을 보고 돕기 위해 시작한 운동에서 비롯되었다고 합니다.

2008년 3월

참고 ────────────
한상복 저, 『배려』, 위즈덤하우스, 2006

어떤 기쁨을 누리고 있습니까?

우리 삶 가운데 가장 큰 기쁨은 무엇이었는지 생각하여 보셨나요? 어떤 기쁨이 우리의 삶 가운데 찾아오기를 기대하고 있습니까?

사랑의 의술을 펼쳤던 장기려 박사는 팔십 평생을 회고하면서 가장 기뻤던 일 네 가지를 소개했습니다.

첫째, 아들 장택용을 낳았을 때 생명에 대한 기쁨을 느꼈습니다.

둘째, 손기정 선수가 베를린올림픽에서 금메달을 목에 걸었을 때 민족에 대한 자부심에 기쁨을 느꼈습니다.

셋째, 1945년 일제의 압박에서 벗어났을 때 해방의 기쁨을 맛보았습니다.

마지막으로 그가 고백한 가장 큰 기쁨은, 회개하고 하나님의 자녀가 되었을 때였다고 합니다.

바울은 빌립보서에서 기쁨을 잘 표현하고 있는데 그것은 모든 환경과 역경을 뛰어넘는 기쁨입니다. 현재의 것이 아니라 미래에 대한 기대에 대한 기쁨을 말합니다. 육체의 기쁨이 아니라 영원한 생명에 대한 기쁨을 자랑합니다.

많은 사람들이 항상 기쁨을 누리며 살려고 하지만, 일상생활에는 수많은 실망과 좌절 그리고 고통이 놓여있습니다. 그러나 다시 한 번 돌아보면 우리가 기뻐하거나 슬퍼하는 것들은 상대적이거나 일시적인 요인들일 때가 많습니다.

구약의 선지자 이사야는 하나님의 구원의 기쁜 소식을 전하기 위해 달려오는 경쾌하고 빠른 발걸음과 고통과 억압에서 해방되어 하나님의 통치 안에서 참된 자유와 해방에 대한 환호성을 전합니다.

2009년 3월

참고 ─────────────

장기려 저, 『회고록 인생론』, 규장문화사, 1985

사명을 발견한 사람

사람은 인생을 오래 사는 사람도 있고 짧게 사는 사람도 있습니다. 그러나 그 인생이 짧던 길던, 자신에게 주어진 사명을 잘 감당하는 것이 값지고 귀한 인생일 것입니다.

사람에게는 네 가지 중요한 만남이 있습니다.
주인Master을 잘 만나야 하고, 배우자Mate를 잘 만나야 하며,
스승Mentor을 잘 만나야하고, 사명Mission을 잘 감당하여야 합니다.

세상의 모든 피조물에는 사명使命이 있습니다. 화초는 아름다운 꽃을 통해, 새들은 아름다운 소리로, 과일은 싱그러운 맛으로, 가축은 고기와 가죽과 털로, 창조주를 찬양하고 사람들에게 기쁨을 안겨줍니다.
특별히 사람은 창조주의 형상을 닮은 존재로 특별한 목적과 사명을 가진 존재로 태어납니다. 사람은 육신의 태어남과 동시에 영적靈的으로 거듭나야 하며 그리고 자신에게 주어진 사명을 발견할 때 사람다운 삶을 살 수 있습니다.

사명을 발견할 때 비로소 세상의 빛과 소금이 됩니다. 사명을 받은 자가 병들면 고쳐서, 물질이 필요하면 공급해서 사용하십니다. 창조주는 사명을 발견한 사람들에게 영력靈力, 지력智力, 체력體力, 경제력經濟力을 주셔서 일하게 하십니다. 그러므로 사명은 축복입니다.

닮아야 합니다

제자들과 학교에서 생활하면서 제자들에게서 실망하는 때도 있지만 제자들에게서 창조주의 형상을 발견하는 때가 더 많아서 늘 희망을 가지고 제자들과 함께 생활하는 것을 기쁨으로 여기며 생활하고 있습니다.

창조주의 형상대로 지음 받은 제자들이나 다른 사람을 대할 때 예수를 대하듯 한다면 인간관계에서 큰 변화가 생겨지리라 생각합니다.

우리가 가르치는 제자의 부모를 만나보면 역시 제자가 그 부모의 외형적인 면에서만이 아니라 성품마저도 붕어빵이라는 사실에 종종 놀랍니다.

계명을 지켜 행하며 살아야 합니다.

모세와 구약의 예언자들은 하나님의 백성이 순종해야 할 법을 전해 주었습니다. 이 모든 법은 "하나님을 사랑하고 네 이웃을 네 몸같이 사랑하라."라는 두 개의 계명으로 요약되어 있습니다.

예수의 삶을 따라 살아야 합니다.

우리는 다른 사람의 행동을 모방하는 일은 아주 잘합니다. 자녀들은 부모님의 삶을 따라 살다가 부모님의 붕어빵이 됩니다. 제자들은 스승의 삶을 따라 살다가 스승의 붕어빵이 됩니다. 그래서 바울도 에베소 교인들에게 보낸 편지에서 하나님의 넘치는 사랑을 우리에게 보여주시는 예수의 삶을 닮으라고 합니다.

새사람이 되어야 합니다.

바울은 그리스도인이 된다는 것이 단순히 새로운 행동 패턴을 채택하는 일뿐만이 아니기에 "심령으로 새롭게 돼 하나님을 따라 의와 진리의 거룩함으로 지으심을 받은 새사람을 입으라는 것입니다."(엡 4:23-24)라고 말합니다.

예수 안에서 하나님이 살아 계시고 사랑하시는 것을 볼 수 있기에 예수의 삶을 본받아 새사람이 되어 살아가야 합니다.

2002년 3월

온전하게 되는 길

1919년, 일본 제국주의에 항거한 3월 1일 독립운동은 독립을 향한 우리의 열망을 세계에 표현한 사건입니다. 이러한 민족정신은 신앙심에서 왔습니다. 신앙은 애국愛國과도 관련이 있습니다. 모세도 민족을 위해서 이집트의 궁을 뛰쳐나와 민족과 함께 고난의 세월을 보냈습니다. 바울도 자기민족이 구원을 얻는다면 자신의 생명도 버릴 수 있다고 고백했습니다.

예수도 십자가를 메고 골고다 산을 올라가면서도 "예루살렘의 딸들아, 나로 인해 울지 말고 너희 자신과 너희 자녀들을 위해 울라."(눅 23:28)라고 하였습니다. 3·1독립운동 때 기독교 신자가 전체 30만 밖에 되지 않았는데도 기독교 선각자들이 당시 민족종교인 불교, 천도교와 어깨를 나란히 한 정도가 아니라 그들을 지도하는 위치에서 영향력을 발휘한 것은 놀라운 일입니다.

우리나라는 경제적으로 원조를 받던 나라에서 이제 원조하는 나라로 발전하였습니다. 이것은 역사상 유례가 없는 일입니다. 이러한 경제적인 발전보다 더 중요한 것은 지금부터 130여 년 전에 선교사들이 우리나라에 복음을 들고 왔는데 이제 우리나라가 세계에 선교사를 보내는 나라 가운데 두 번째로 선교사를 많이 파송하는 나라가 되었다는 것입니다.

우리가 아무리 제자들을 가르치며 나라와 민족을 위해 산다고 하더라도 우리 자신이 올바르게 살지 못한다면 우리가 한 일들은 공허한 것이 되고 말 것입니다. 우리 자신이 먼저 새로워져 새롭게 살아야 합니다. 거듭나야 하늘나라에 참여할 수 있기 때문입니다.

2010년 3월

네, 그것이면 충분합니다

외국에 나가면 '어디에서 오셨나요?'Where do you come from?'라는 질문을 종종 받습니다. 즉 어느 나라에서 왔는지, 국적이 어딘지에 관한 질문입니다. 이 질문은 아마도 국내에서는 어디 출신이니?, 어느 학교를 나왔니?, 소속은 어디니? 정도의 의미를 가지고 있다고 생각됩니다. 우리도 우리 제자들에게 이런 질문을 하고 있지는 않나요? 우리들은 제자들에게 해야 할 질문은 '어디로 가고 있습니까?'Where are you going? 라고 봅니다. 지금은 문제가 많은 것 같고 가능성이 없는 것 같이 보여도 미래에는 가능성이 열려 있기에 그렇습니다.

우리가 가르치고 있는 제자들이 속을 썩이고 문제를 일으키고 할 때에는 무슨 희망이 있겠는가 하는 절망적인 생각을 하다가도, 미우나 고우나 그래도 이 제자들이 미래를 책임질 사람들이라는 생각을 하면서 새로운 희망을 가져보곤 합니다. 제자들에게서 '미래'를 보기에 열심히 최선을 다하여 가르치고 지도해야 하겠습니다.

"따릉릉, 따릉릉"

토요일 오후에 교회 순서지를 맡긴 인쇄소에서 전화가 왔습니다.

"목사님, 주신 내용 중에 주일 오전 예배 설교 제목이 빠졌더군요. 설교 제목 좀 알려주십시오."

"그렇습니까? 제목은 '여호와는 나의 목자시니'입니다."

이상하다는 듯이 평소에 설교 제목을 길게 쓰시던 목사님 때문에 한 번 더 인쇄소 직원은 물어 보았습니다.

"그 것 뿐입니까?"

"네, 그것이면 충분합니다."

그리고는 다음날 아침 목사님은 약간 늦게 도착하셔서 어제 준비한 설교를 하기 위해 강단에 올라서서 시작하려는데, 설교 제목이 이렇게 나와 있는 것이 아닙니까?

"여호와는 나의 목자시니, 네, 그것이면 충분합니다."

어딘가에 크게 충격을 받으신 것처럼 목사님은 계속 그 제목을 몇 번씩 되뇌고 있었습니다.

"여호와는 나의 목자시니, 네, 그것이면 충분합니다."
"여호와는 나의 목자시니, 네, 그것이면 충분합니다."
"여호와는 나의 목자시니, 네, 그것이면 충분합니다."

결국 목사님은 눈물을 계속 흘리며 그 이상 말씀을 잇지 못하고, 그 예배는 온통 눈물바다가 되어버렸답니다.

2010년 10월

꽃도 가꾸어야 더욱 아름답습니다.

행복한 사람이 되십시오

자신을 수시로 닦고 조이고 가르치는 사람은 행복의 기술자가 되겠지만 게으른 사람은 불행의 조수가 됩니다.

아침에 '잘 잤다' 하고 눈을 뜨는 사람은 행복의 출발선에서 시작하는 것이고, '죽겠네' 하고 몸부림치는 사람은 불행의 출발선에서 시작하는 것입니다.

도움말을 들려주는 친구를 만나는 것은 보물을 얻은 것과 같고, 듣기 좋은 말과 잡담만 늘어놓는 친구와 만나는 것은 보물을 빼앗기는 것과 같습니다.

웃는 얼굴에는 축복이 따르고, 화를 내 찡그리고 있는 얼굴에는 불운이 괴물처럼 따릅니다.

미래를 위해 저축할 줄 아는 사람은 행복의 주주가 되고, 당장 쓰기에 바쁜 사람은 불행의 주주가 됩니다.

사랑을 할 줄 아는 사람은 행복한 사람이고, 사랑을 모르는 사람은 불행한 사람입니다.

불행 다음에 행복이 온다는 것을 아는 사람은 행복을 예약한 사람이고, 불행은 끝이 없다고 생각하는 사람은 불행의 번호표를 들고 있는 사람입니다.

시련을 견디는 사람은 행복한 합격자가 되겠지만, 시련을 포기하는 사람은 불행한 낙제생이 됩니다.

남의 잘됨을 기뻐하는 사람은 자신도 잘되는 기쁨을 맛보지만, 두고두고 배 아파하는 사람은 고통의 맛만 볼 수 있습니다.

2008년 1월

참고
"모두 행복한 주인공이 되십시오" 정문용 2005년 3월 30일
http://blog.daum.net/ jung2118/1894511

선택받은 기쁨

우리는 늘 무엇인가를 선택하며 살아갑니다. 그런가하면 내가 누군가에게 선택되기도 합니다. 누군가에게 좋은 일로 선택을 받는다는 것은 참 행복한 일입니다.

2010년에 케이블 방송인 Mnet에서 '슈퍼스타K 시즌2'라는 프로그램을 방송했습니다. 수많은 경쟁자를 제치고 우승한 청년은 큰 상금을 받고, 가수가 될 기회를 얻었습니다. 바로 '허각'이라는 청년입니다.

허각은 어린 시절 부모님의 이혼으로 어려운 삶을 살았습니다. 특히 중학교를 중퇴한 이후로는 환풍기 수리공으로 어려운 가정사를 이어갔습니다. 밤에는 행사장 가수로 활동하기도 했습니다. 현대 우리 사회에서 주류가 될 수 없는, 즉 단지 주변인으로 밖에 살 수 없는 흙수저였던 것이지요. 그런데 그런 그가 최후의 1인으로 선택되었습니다. 허각의 우승을 지켜보며 비슷한 처지에 있던 많은 사람들은 허각의 삶에서 절망이 아닌 희망과 용기를 얻었다고 합니다.

하나님은 부족한 사람을 선택하여 일꾼으로 삼으십니다. 그것은 능력이 있어서도, 자격이 있어서도 아닙니다. 다만 은총입니다. 그렇기에 선택받은 자로서 기쁨과 용기를 가지고 당당하게 살아가야 합니다.

우리에겐 제자들을 지도하며 가르치면서 제자들이 선택받은 사람이라는 것을 알려 주어야 할 책임이 있다고 봅니다. 그리고 우리 자신이 일꾼으로 선택받았기에 감사하는 마음으로 구별된 삶을 살아가야 하겠습니다.

2011년 3월

참고 ─────
편집부 편저, 『사순절 묵상집: 그리스도 예수 안에 있는 한 사람』, 3월 11일(금)자, 만우와 장공, 2011

믿어주는 사람

어느 날 갑자기 사람이 180도 달라진다면, 쉽게 그 사람을 믿을 수 있을까요? 아무래도 그 변화를 쉽게 받아들이기가 어려울 것입니다. 무슨 꿍꿍이가 있는 게 아닐까 싶을 것입니다. 그러니 교회를 앞장서서 핍박하던 사울이 예수를 따르는 제자가 되었다는 것을 사람들이 믿지 못한 것은 당연합니다. 아무도 사울의 회심을 믿으려 하지 않았습니다. 오히려 그를 두려워하고 멀리하였습니다. 사람들은 이전에 사울이 어떤 사람이었는지 잘 알고 있었습니다. 그가 얼마나 심하게 교회를 핍박하고 교인들을 괴롭혔는지도 잘 알고 있었습니다.

모두가 사울을 두려워하고 믿지 않고 있는 이때, 사울을 믿어주는 한 사람이 있었습니다. 그는 사울을 믿어주고 사도들에게 데리고 와서 사울이 어떻게 변하였는지 자세히 이야기해줍니다. 사울을 적극적으로 변호해주며 옹호합니다. 모든 사람들이 사울을 불신하고 멀리하지만, 바나바는 사울을 믿어주었습니다. 사도들은 바나바의 말을 믿고 사울을 받아들이게 됩니다. 바나바가 얼마나 신실한 사람이며, 정직한 사람인가를 알고 있었습니다. 사도들과 교인들에게 바나바는 '믿을 수 있는 사람'이었습니다.

그리스도인은 바나바처럼 믿을 수 있는 사람이어야 합니다. 가정이나 학교, 사회, 어디에서든지 사람들로부터 신뢰받을 수 있는 사람이어야 합니다. 신실함과 정직함으로 인정과 칭찬을 받을 수 있는 사람이어야 합니다. 나아가 그리스도인은 '믿어주는 사람'이어야 합니다. 우리 사회에는 불신이 가득합니다. 사람들이 서로를 믿지 못합니다. 서로 신뢰하지 못하기에 사람들은 점점 더 서로에게서 멀어집니다. 서로를 믿지 않기 때문에 더 외롭습니다.

이럴 때 누군가가 나의 마음을 알아주고 믿어준다면 얼마나 힘이 될까요? 바나바는 사울을 믿어주었습니다. 바나바가 사울을 믿어줌으로, 사울은 사도들과 교인들로부터 인정을 받게 됩니다. 나아가 이방인을 위한 사도로 쓰임을 받게 되었습니다. 사람이 사람을 믿고 가까이 하는 아름다운 세상이 그립습니다.

2011년 10월

꽃도 가꾸어야 더욱 아름답습니다.

자라게 하시는 분

저의 집에 있는 몇 안 되는 화분은 제가 키우질 못합니다. 제가 관심을 가지고 물을 주었다하면 시들시들 죽어가기 때문입니다. 그런데 제 아내가 시들시들 죽어가는 화분에 물을 주고 보살피면 파릇파릇 되살아나는 모습을 보입니다.

바울은 자신이 복음을 전한 고린도 교인들을 지배하는 자가 아니라 섬기는 '일꾼'임을 강조합니다. 일꾼에 해당하는 헬라어는 '디아코노스diakonos'인데, 식탁에서 시중도 들고 그 밖에 집안일을 하는 사람을 뜻합니다. '머슴'이라는 말에 해당되는 단어입니다. 바울은 '일꾼'의 표상을 밭 가꾸는 일에 적용하면서 고린도교회 교인들의 성숙을 촉구하고 있습니다. 그러니까 말씀선포/심는 일은 바울 자신이 하고, 아볼로는 이후 계속되는 교육/물을 주는 일을 담당했다는 것입니다. 그러나 오직 자라게 하시는 이는 하나님 뿐이라고 강조합니다.

모든 교사와 사역자들은 하나님의 협력자이지만, 자라게 하시는 분이 있음을 잊어서는 안 됩니다. 그런 점에서 학교, 교회는 하나님의 밭이요, 하나님의 집입니다.

우리는 하나님의 동역자로 일하고 있습니다. 오늘의 학교, 교회는 하나님의 나라와 그의 의를 구하는 하나님의 집인 '사랑과 생명과 평화의 공동체'를 지향하고 있으며 지향해야 합니다. 우리는 제자들을 지도하며 가르치면서 바울과 아볼로처럼 심고 뿌리며 가꾸는 일을 할 뿐입니다. 그러기에 우리는 늘 자라게 하시는 하나님 앞에서 겸손하게 일할 수밖에 없습니다.

우리는 하나님의 동역자요, 일꾼으로 스스로 인정하며 제자들을 가르치며 지도하면서 이 땅의 청소년들을 살리는 일에 앞장서는 자들입니다.

2012년 3월

꽃도 가꾸어야 더욱 아름답습니다.

행복한 주인공이 되십시오

고난 속에서도 희망을 가진 사람은 행복의 주인공이 되고, 고난에 굴복하고 희망을 품지 못하는 사람은 비극의 주인공이 됩니다.

하루를 좋은 날로 만들려고 노력하는 사람은 행복의 주인공이 되고, '나중에…' 라 미루며 시간을 놓치는 사람은 불행의 하수인이 됩니다.

힘들 때 손 잡아주는 친구가 있다면 당신은 이미 행복의 당선자이고, 그런 친구가 없다고 생각하는 사람은 이미 행복의 낙선자입니다.

사랑에는 기쁨도 슬픔도 있다는 것을 아는 사람은 행복하고, 슬픔의 순간만을 기억하는 사람은 불행한 사람입니다.

작은 집에 살아도 잠잘 수 있어 좋다고 생각하는 사람은 행복한 사람이고, 작아서 아무것도 할 수 없다고 생각하는 사람은 불행한 사람입니다.

남의 마음까지 헤아려 주는 사람은 이미 행복하고, 상대가 자신을 이해해주지 않는 것만 섭섭한 사람은 이미 불행합니다.

미운 사람이 많을수록 행복은 반비례하고, 좋아하는 사람이 많을수록 행복은 정비례합니다.

너는 너, 나는 나라고 하는 사람은 불행의 독불장군이지만, 우리라고 생각하는 사람은 행복의 연합군입니다.

용서할 줄 아는 사람은 행복하지만, 미움을 버리지 못하는 사람은 불행합니다.

작은 것에 감사하는 사람은 행복한 사람이고, '누구는 저렇게 사는데 나는…' 이라고 생각하는 사람은 불행한 사람입니다.

2008년 1월

참고
"모두 행복한 주인공이 되십시오!" 정문용 2005년 3월 30일,
http://blog.daum.net/jung2118/1894511

하늘의 음성

요사이 남성들은 4명의 여성 말만 잘 들으면 사는데 어려움이 없다고 합니다. 즉 어렸을 땐 엄마의 음성을, 결혼해서는 부인과 장모의 음성을 그리고 차車를 타서는 네비게이션navigation에서 나오는 여성의 음성을 잘 들으면 된다고 합니다.

우리는 누군가의 음성을 들으며 살아가고 있습니다. 하지만 끊임없이 들려오는 여러 종류의 음성 중에서 들어야 할 음성을 우리는 구별할 수 있어야 합니다. 마치 양들이 목자의 음성을 듣고 따를 때 안전할 수 있는 것처럼, 우리는 세상의 여러 가지 다양한 음성들과 하늘의 음성을 구분할 수 있어야 합니다.

아브라함은 아들 이삭을 제사의 제물로 바치라는 하늘의 음성을 들었을 때, 하늘의 음성 곧 하나님의 음성인 것을 명확히 알고 바로 분별할 수 있었습니다. 만약 아브라함이 하늘의 음성을 확인하는 일에 서툴렀다면 그토록 확신 있게 이삭을 제단에 올릴 수 없었을 것입니다. 또한 그것을 급히 중지하시라는 음성에 순종할 수도 없었을 것입니다. 처음 하란을 떠나라는 음성이 들려진 그날부터 아브라함은 하늘의 음성을 듣는 것에 훈련되어있었으며 그 음성에 익숙한 사람이었습니다. 들려진 그 음성이 세상의 소리가 아닌 친밀한 하늘의 음성이라는 것을 알았기 때문에 아브라함은 가장 힘든 결정까지도 할 수 있었던 것입니다.

꽃도 가꾸어야 더욱 아름답습니다.

세상의 많고 잡다한 소리 속에서 길을 찾지 못하며 방황할 때, 우리를 도와주려고 들려주는 하늘의 음성을 잘 듣고 즉시 따르는 자는 행복한 사람입니다.

2009년 4월

교사는 누구입니까?

1. 교사가 만나는 사람은 누구인가요?

사람을 만나 가르칩니다.

교사가 만나 가르치는 자는 학생이 아니라 사람입니다. 학생이라는 말은 기능적인 분류일 뿐입니다.

학생은 교사가 살지 못할 미래를 살아갈 사람입니다.

같이 살고 있지만 학생은 교사가 꿈 꾸지 못한 미래를 살아갈 사람입니다. 교사는 과거와 현재를 준거準據로 말하지만, 그들은 현재와 미래를 준거로 하여 말합니다. 그러나 교사는 학생을 만나 가르쳐야 합니다. 그들이 사람답게 살도록 가르쳐야 합니다.

학생은 가능성의 덩어리입니다.

학생은 무엇이든 될 수 있는 자들입니다. 학생은 현실에 머물지 않는 유동적 존재입니다. 교사는 그들의 소용돌이를 이해하지 못하고, 그 소용돌이를 엉망이라고 표현하기도 합니다. 가능성을 펴게 하는 것과 정태적靜態的으로 만드는 것은 다릅니다. 그들의 가능성이 교육을 받으며 정태적으로 되어갈 것입니다. 여기에 딜레마dilemma가 있습니다.

2. 교사는 누구입니까?

교육 전문가입니다.

교사는 꿈을 키우는 자이어야 하는데 꿈을 깨뜨리는 자가 아닌지….
교사는 가능성을 펴게 하는 자입니다.

전문가답게 완벽하게 일해야 하는 사람입니다.

교사는 아마추어amateur가 아니라 프로professional입니다. 교사는 전문 지식을 창출해 내야 합니다.

아는 것과 실천하는 것이 다르지 않아야 하는 사람입니다.

교사는 언행일치의 삶을 살아야 합니다.

사람을 키우는 사람입니다.

교사는 기업가가 아닙니다. 학교가 없어도 사람은 되어갑니다. 사람은 아주 긴 성장과 성숙의 과정이 필요합니다.

3. 교사는 무엇을 어떻게 해야 합니까?

이끌어가야 한다고 봅니다.

교사는 앞서 가기보다 뒤따라가야 하는지 모르겠습니다. '나를 따르라'는 교육이 아닌 것 같습니다. 뒤따르는 것이 앞서가는 것보다 쉽지 않습니다.

가르치기보다 가리켜야 할 것 같습니다.

교사는 삶의 지평을 넓혀주면서 가르쳐야합니다. 가리킴의 폭이 가르침의 질을 결정한다 하겠습니다.

함께 커가야 합니다.

사람을 키운다고 하는데, 교사가 경험도 많다고 하지만 함께 커가야 합니다. 학생과 같아야 된다는 말은 아닙니다.

교사가 하는 일을 과소평가하지 맙시다.

긍지와 보람, 그리고 자존심을 가지고 일해야 합니다.

2004년 1월

이야기 셋

역설의 진리

이야기 셋

역설의 진리

도둑맞은 책

어느 날 선교사를 남편으로 둔 부인이 남편의 책상을 정리하던 중이었습니다. 손바닥 크기만 한 작은 책을 집어드는 순간 부인은 소스라치게 놀랐습니다. 성경인 그 책은 7년 전 그녀가 학교 기숙사에서 잃어버렸던 책이었습니다. 그 책을 얼마나 열심히 보았던지 다 헤어져 있었으나 분명 자신의 것임에 틀림없었습니다. 부인은 성경을 품에 안고 남편이 오기만을 기다렸습니다.

얼마 후 선교사 남편이 돌아왔습니다. 그는 피곤한 기색이었으나 아내를 보고 따뜻한 미소를 지었습니다. 부인은 아무 말 없이 그 책을 탁자 위에 꺼내놓으며 지긋한 눈길로 남편을 쳐다보았습니다. 그 순간 그의 얼굴엔 당황하는 기색이 엿보였습니다.

한 동안 침묵이 흐르고 부인이 먼저 입을 열었습니다.

"이 성경은 오래 전에 제가 잃어버린 책입니다. 어떻게 이 책이 당신의 것이 되었습니까?"

"미안하오. 당신에게 숨긴 것이 있었소. 10년 전만 해도 나는 도둑이었소. 7년 전 어느 날 밤 한 기숙사에 들어간 나는 물건을 훔치는 중 책상 위에 있던 그 책까지 모조리 쓸어 담았다오. 집에 돌아와 물건을 정리하다가 성경인 그 책을 보게 되었다오. 줄을 그어 볼 정도로 성경책은 그 주인에게 귀한 것임을 난 알 수 있었소. 그런데 무심코 펼쳐본 책에서 이런 구절이 눈에 들어 왔소. '도적질하는 사람은 더 이상 도둑질하지 말고 도리어 가난한 사람에게 나눠 줄 것이 있도록 자기 손으로 선한 일을 해 수고의 땀을 흘리십시오.'(엡 4:28)라는 말씀이었다오. 그때처럼 내가 부끄럽게 느껴진 적이 없었소. 그 뒤로 나는 날마다 이 책을 들고 다니며 열심히 공부하여 지금에 이르렀소. 늘 그 성경책의 주인에게 고마운 마음이었는데 바로 당신이었다니…"

솔직하게 지난 일을 떨어놓는 남편 모습에 부인은 눈물만 흘릴 뿐이었습니다.

'사람이 책을 만들지만, 책이 사람을 만든다.'라는 말이 있습니다. 이 이야기 역시 책 한 권, 문장 하나가 사람의 인생을 바꿔놓을 수 있다는 사실을 생각하게 합니다. 우리는 살면서 다양한 책들과 수많은 사람들의 말들을 접하게 되는데 새겨두어야 할 이야기라 하겠습니다. 그리고 우리가 배울 수 있는 것 가운데 가장 귀한 것을 말한다면 성경 말씀을 배우고 익힐 수 있다는 사실입니다. 성경의 말씀들을 귀담아 듣고 실천한다면 정말 좋은 삶의 양식이 될 것입니다.

2001년 5월

선한 뜻을 이루는 삶의 비결

인간이면 누구나 성공적인 삶과 행복한 삶을 살고자 합니다. 그렇다면 어떻게 하여야 성공적이며 행복한 삶을 살 수 있을까요?

마음의 자세가 중요합니다.

"무엇보다도 네 마음을 지키라. 네 마음에서 생명의 샘이 흘러나오기 때문이다."

(잠 4:23)

바로 마음의 자세가 무엇보다도 중요하다는 말입니다. 유명한 정신과 의사인 칼 메닝거Karl Menninger 박사는 말하기를 "인생을 살아가는데 있어서 가장 중요한 것은 마음의 자세이다. 이 마음의 자세에 따라 성공할 수도 실패할 수도 있다"고 말합니다. 돛단배는 바람에 따라 움직일 수도 있지만, 키Key의 방향에 따라 움직입니다. 우리의 인생은 배의 키와도 같은 마음의 자세에 좌우되는 것입니다.

우리의 마음을 바르게 지키게 하고 잡아 주는 것이 무엇입니까? 신뢰와 긍정적인 사고思考가 마음을 바르게 지키게 합니다. 모든 일이 협력하여 선을 이룬다고 생각하는 것이 긍정적인 사고입니다.

꿈을 실현하고자 하는 자가 꿈을 이룹니다.

꿈Vision은 우리의 이상理想이요, 궁극적인 삶의 목표입니다. 꿈이 있는 사람은 어려움을 극복하는 능력이 있습니다. 또 꿈이 있는 자는 낙심하거나 실망하지 않고 전진합니다. 꿈이 있는 사람은 어려움을 도피하지 않고 정면으로 도전합니다. 꿈이 있는 사람은 소망이 있기에 어려움이 장애가 될 수 없습니다.

구약성경에 나오는 요셉은 청소년기에 꾼 꿈을 이룩하기 위하여 어려운 고비를 만날 때마다 낙심하거나 포기하지 않았습니다. 그는 어려움을 당할 때마다 그 유혹에 꺾이지 아니하고, 도리어 죄지을 수 없다며 유혹을 극복 했기에 30세에 이집트의 총리가 되었습니다.

선한 뜻을 심고 가꾸어야 합니다.

선한 뜻을 이루며 성공한 자들은 심는 일에 열심히 수고한 사람들입니다. 좋은 것을 많이 심고 가꾸어야 합니다. 심는 데로 거두기 때문입니다. 좋은 것을 심으면 좋은 것을 거두기 마련입니다.

1년 중 4월이 나무를 심기에 가장 알맞은 기간이듯, 나무를 심는 좋은 시기가 있습니다. 청소년기는 선한 뜻을 이룩하기 위하여 마음 밭에 좋은 것을 심고 가꾸기에 좋은 시기입니다.

감사하는 마음으로 살아야 합니다.

성경에 보면 바울과 실라가 감옥에 갇혔습니다. 그들이 감사할 수 없는 감옥에서 감사할 때 옥문이 열리는 기적이 일어났습니다.

부모님과 선생님 그리고 이웃들에게 감사할 줄 알아야 합니다. 감사와 불평은 마음먹기에 달려 있습니다. 감사할 조건이 많다고 할지라도 불평을 하려고 하면 얼마든지 불평할 수 있고, 원망스럽고 괴로운 상황이라 할지라도 감사하려고 하면 감사의 조건을 찾을 수가 있습니다.

1994년 5월

영원한 양식

예수는 팔레스타인의 사마리아 지역 수가라는 마을의 우물가에서 점심을 나누며 제자들을 가르치셨습니다.

육의 양식은 아주 중요합니다.

세계 곳곳에는 먹을 것이 없어서 굶어 죽는 사람들이 아주 많습니다. 우리나라도 '보릿고개'라는 말로 상징되는 절대빈곤의 시대를 산 경험이 있습니다. 아직도 많은 사람들이 먹을 것이 없어 고생하는 북한의 주민들을 생각하면 마음이 아픕니다.

영원한 양식이 있습니다.

제자들이 음식을 가져오자 예수는 "내게는 너희가 알지 못하는 양식이 있다."(요 4:32)라고 말합니다. 예수는 제자들이 오로지 육적인 양식에만 집중할까봐 더 중요한 양식이 있음을 알리고 있습니다.

> "내 양식은 나를 보내신 분의 뜻을 행하고 그분의 일을 완성하는 것이다."
>
> (요 4:34)

우리나라가 1997년 금융위기로 인하여 IMF관리 체제를 겪으면서 국가 신임도가 추락되었을 때 우리는 큰 것을 배웠습니다. 도덕적 신뢰가 경제적인 역량이 되는 것입니다. 도덕적인 신뢰 없이 경제적인 역량만을 쌓는 것은 불가능한 일입니다.

　　남강 이승훈 선생은 젊었을 때 평안도 갑부인 오 씨에게 돈을 빌려 장사를 시작했습니다. 그런데 장사가 어느 정도 성공할 무렵에 청일 전쟁이 터졌기 때문에 남강도 피난을 가야 했습니다. 그 전에 그는 받을 것은 하나도 받지 못했어도 주어야 할 것은 무엇이건 팔아서라도 다 물어 주었습니다. 3년이 지나 돌아왔을 때 그는 알거지나 다름없었습니다. 생각 끝에 남강은 다시 장사를 시작하기로 하고 장사 밑천을 구하기 위해 오 씨 집으로 찾아갔습니다. 남강은 전쟁 전에 진 빚과 이자를 모두 계산하여 후일 갚을 것을 약속하는 문서를 오 씨한테 내보였습니다. 그리고는 전쟁으로 입은 피해 상황을 말하고 나서 자본을 대주기만 하면 힘써서 묵은 빚까지 다 갚겠다고 간청하였습니다. 묵묵히 듣고 난 뒤 오 씨가 말했습니다. "내게서 돈을 가져다 장사한 사람은 많네. 그런데 전쟁 이후 내게 와서 이렇단 말 한마디 하는 사람이 없었네. 이제 자네가 와서 자세한 보고라도 해주니 참 고맙네." 그리고는 붓에다 먹을 잔뜩 묻혀서는 남강을 보며, "나는 이 돈 없이도 사네."라고 말하면서 그가 적어 온 문서에다가 굵은 줄을 그어 버렸습니다. 그리고 새로 2만 냥을 꾸어 주면서 그것을 가져다 장사하고 아무 때나 본전이나 주면 된다고 말했습니다.

　　신용이 아주 중요합니다. 물질이 많은 사람, 풍요로운 사회보다 믿을 수 있는 사람, 믿을 수 있는 사회, 믿을 수 있는 나라를 만들도록 함께 노력해야겠습니다.

2010년 5월

사람을 변화시키는 책

200여 년 전 영국에서 자유의 물결이 일어날 때 급진적인 자유주의자들이 'Bounty관대함, 박애'라는 자유 단체를 결성하고 제도나 법률이나 어떤 제약도 없는 그런 자유로운 사회를 동경하였습니다. 그래서 남녀노소 할 것 없이 Bounty 회원 200여 명은 자유로운 세계를 동경한 나머지 단체로 남태평양 피트컨Pitcairn 섬으로 이주하여 갔습니다. 피트컨 섬에서 법률도 제도도 규약도 없는 자유의 유토피아를 건설하려고 했으나 뜻대로 되지 않았습니다. 9년의 세월이 흐르는 동안에 자유를 만끽한 사람들이 방종하였기에 예기치 못한 살인사건, 폭행, 윤리적 문란으로 인한 여러 가지 성폭행 사건, 알코올 중독자들도 생겼습니다. 이 단체를 지도했던 프래처라는 사람이 실망한 나머지 결국 자살하고 말았습니다. 프래처의 뒤를 이어서 'Bounty'를 지도했던 존 아담스John Adams가 이제는 유토피아 건설을 포기하고 사람들을 이끌고 영국으로 다시 돌아갈 것을 결심했습니다. 주민들과 함께 창고를 정리하던 중에 먼지더미 속에서 성경책 한 권을 발견했습니다.

9년 전 배를 타고 올 때에는 성경을 읽었지만 그 동안 자유의 세계를 동경하고 자유롭게 산 나머지 성경은 먼지더미 속에 묻히고 말았던 것입니다. 존 아담스는 창고 속에서 먼지에 쌓인 성경을 꺼내서 다음 배가 오려면 한두 달 걸리는데 무료한 시간을 보낼 겸 성경을 읽기 시작했습니다. 성경을 읽어 가면서 자유는 인간의 의지나 양식으로 되는 것이 아니라는 사실을 발견했습니다. 진정한 자유의 세계는 성경 안에서 하나님의 나라를 찾을 때에 자유가 있다는 사실을 발견했습니다.

존 아담스는 자기만 성경을 읽은 것이 아니고 다른 사람들도 성경을 읽게 하고 성경을 같이 공부하기 시작했습니다. 두 달 후 배가 도착했습니다. 그러나 그들은 영국으로 되돌아갈 것을 포기하고 피트컨 섬에 남아서 성경 말씀에 의한 새로운 사회를 건설하기 시작했습니다. 이제 이 피트컨 섬은 인구 약 2만 명 정도의 남태평양의 작은 섬나라이지만 지상에서 가장 범죄가 없는 나라가 되었습니다. 그래서 흔히 지상낙원이라고들 이야기 합니다.

이 섬 이야기를 쓴 니콜슨R. B. Nicholson은 "피트컨 사람들"에 대한 이야기를 기록하면서 이런 말을 합니다. "피트컨 섬 사람들은 성경 한 권으로 사회 전체를 새롭게 할 수 있었다."라고 말입니다. 어디 피트컨 사람들뿐일까요? 지난 2천년 역사를 살펴보면 성경이 있는 곳에 인간 사회가 변화되고, 나라가 달라지고, 역사가 새로워졌습니다.

2007년 5월

참고 ────────────────────

니콜슨(Robert B. Nicolson) 저, 『피트컨 사람들(The Pitcairners)』, University of Hawaii Press, 1997

인간을 온전케 하는 책

1996년 여름 미국의 시카고 근교에 있는 한 기독교계 사립초등학교에서 일어난 이야기입니다. 이 초등학교에는 5학년 학생이 모두 24명이었답니다. 그 중에 11명이 남학생이고 나머지 13명이 여학생입니다. 하루는 아침에 등교를 하는데 5학년의 11명 남학생 전부가 머리를 빡빡 깎고 등교를 한 것입니다. 그래서 교장 선생과 선생들이 깜짝 놀랐습니다. "혹시 깡패 조직단에 현혹되어서 학생들이 저렇게 머리를 빡빡 깎고 왔는가? 아니면 모방심리에서 저렇게 했는가?"라고 교장 선생과 여러 선생들이 다 비상이 걸렸습니다. 담임선생이 그 학생들을 불러서 물어 보았습니다. 그러나 생각과는 전혀 다른 대답이었습니다.

그 학교는 매일 아침 성경을 읽고 묵상하는 시간을 가졌습니다. 그리고 서로 토론을 하고 실천하는 시간을 가졌던 것입니다. 그 전날 아침입니다. 마침 갈라디아서 6장을 읽을 차례였습니다. 학생들은 같이 "여러분은 서로 짐을 나눠지십시오. 그렇게 함으로 여러분은 그리스도의 법을 완성하게 될 것입니다."(갈 6:2)를 읽고 이야기를 서로 나누면서 의논한 것이 있었습니다.

11명의 남학생 중에 한 학생이 암 치료를 받고 있었는데 방사선 치료를 몇 개월 받는 동안 그 아이의 머리가 다 빠져서 완전히 대머리가 되었습니다. 그래서 그 아이는 쉬는 시간이 되어도 밖에 나가서 놀지 않고, 교실에 남아 우울하게 지냈던 것입니다.

이때 다른 학생들이 "우리가 저 친구의 어려움을 같이 나누도록 하자. 그러기 위해서 우리도 머리를 다 빡빡 깎고 지내자. 그러면 다른 학생들이 이 친구를 따돌리지 않을 것 아니냐." 이런 의논이 되어져서 모두 머리를 빡빡 깎고 치료를 받고 있는 그 친구의 이웃이 되어 준 것이었습니다.

2007년 5월

역설의 진리

역설paradox이라는 말은 언뜻 보기에는 앞뒤가 안 맞는 모순처럼 보이지만 그 어떤 논리보다 탁월한 호소력이 담긴 말을 뜻합니다. 이 어법을 가장 탁월하게 사용하신 분은 역시 예수가 아닌가 합니다. '죽어야 산다. 낮아져야 높아진다. 썩어야 열매를 맺는다. 원수를 사랑하라. 오리를 가자하면 십리를 가라.' 이 모두가 세상적인 상식과는 다르게 보이는 역설들입니다. 구약성경의 전도서 7장은 더욱 역설적입니다.

아름다운 이름이 보배로운 기름보다 낫다.

이름이 그 사람의 '존재'를 뜻한다면 기름은 그 사람의 '부富'를 의미합니다. 지금 중동의 산유국들을 보십시오. 기름이 그들의 막강한 힘이며 오일 달러의 위력은 절대적입니다. 그럼에도 성경은 그 보배로운 기름이나 권세 그리고 당당한 부富보다도 아름다운 이름이 더 낫다고 말합니다. 에리히 프롬이 쓴 『소유냐 삶이냐』도 소유형의 인간이 아니라 존재형의 인간이 진정한 '실존'이라고 합니다. 성경에 나오는 인물 가운데는 옥합을 깨뜨려 값진 기름을 예수에게 다 부었던 마리아가 단연 돋보입니다. 기름이 아니라 이름입니다.

잔칫집보다 초상집에 가는 것이 낫다.

잔칫집은 들뜨게 하고 흥분하게 하고 환상에 젖게 하고 착각에 빠지게 하지만 초상집은 진지하게 하고 생각하게 합니다. 삶과 죽음을 사색하게 하고 허무가 어떤 것이고 슬픔이 무엇인지 느끼게 하며 겸허하게 합니다.

그 점에서 초상집이야말로 가장 엄숙한 인생교실입니다. 잔칫집에 가면 한바탕 웃고 떠들고 배불리 먹고 오는 것 밖에는 더 없지만 초상집에 가면 인생의 원초적인 배움을 얻고 옵니다.

슬픔이 웃음보다 낫다.

사람들은 슬퍼하지 말고 웃으며 살라고 합니다. 슬픔을 곧 불행으로 간주하는 까닭입니다. 그러나 많은 경우 우리는 웃음보다도 오히려 슬픔을 통해, 눈물을 통해 더 소중한 것들을 배우고 깨닫습니다. 우리의 정서나 인격이나 영혼은 웃음보다 오히려 눈물을 통해 더 맑게 정화되는 것을 봅니다. 죄를 범했을 때도 애통해 하는 기도로써 죄책감으로부터 해방되어 구원 받는 체험을 하게 됩니다. "복되도다! 슬퍼하는 사람들은, 그들에게 위로가 있을 것이다."(마 5:4)라고 하신 예수도 웃으셨다는 기록은 없지만 우셨다는 곳은 있습니다. 성경은 예레미야, 다윗, 막달라 마리아 같은 사람들도 다 눈물의 사람들이었다고 전합니다. 웃음은 자칫 사람을 교만하게 하지만 슬픔은 겸허하게 하고 더욱 하나님을 의지하게 합니다.

2012년 5월

참고

에리이 프롬 저, 고영복, 이철범 역 『소유냐 삶이냐』 동서문화사, 2008

미래의 주인공이 되려면…

인디안 아파치족의 추장이 연로하여 그 후계자를 선출하게 되었습니다. 아파치족은 인디안 중에서도 용맹하기로 소문난 족속입니다. 아파치족의 추장은 어떤 인디안 부족의 추장보다 더 권위 있는 지도자로 인디안 사회에서 인정받았습니다. 따라서 추장 후보자는 체력, 지혜, 인품 등 모든 면에서 뛰어난 젊은이이어야 했습니다.

아파치족의 전통에 따라 후보자로 나선 젊은이들은 말 타기, 활쏘기, 사냥, 길 찾기, 씨름, 칼 쓰기 등 갖가지 관문을 통과하여야 했습니다. 많은 젊은이들이 추장 자리에 도전하였으나 최후 3명이 남았습니다. 아파치족의 노 추장은 "아파치족의 자랑스러운 용사들이여! 저기 눈 덮인 록키 산맥의 최고봉이 보이는가? 이제 아무런 장비 없이 저 꼭대기까지 올라갔다가 내가 선 이 자리에 제일 먼저 도착하는 사람에게 나의 추장직을 물려주겠노라!"고 선포하였습니다.

아파치족의 최고의 세 용사는 산꼭대기를 향하여 힘차게 달리기 시작하였습니다. 가시에 찢겨 피가 나고, 바위에서 굴러 떨어지기도 하면서 세 용사는 정상을 향하여 올라갔습니다. 얼마 후 한 용사가 달려왔습니다. 그는 그 산꼭대기에만 피는 꽃 한 송이를 증거물로 가져왔습니다. 두 번째 용사가 달려 왔습니다. 그는 그 산꼭대기 맨 위에만 있는 붉은 돌을 증거물로 가져왔습니다. 세 번째 용사가 달려왔습니다. 그는 아무 것도 가져오지 않았습니다.

노 추장은 세 번째 용사에게 노기를 띄우며 말하였습니다. "너는 왜 아파치족의 명예를 더럽혔느냐? 왜 중도에서 포기하였느냐?" 세 번째 용사가 대답하였습니다. "추장님, 저도 산꼭대기에 올라갔었습니다. 저는 거기서 보았습니다. 저 산 너머에는 비옥한 땅과 넓은 강물과 수많은 버팔로 떼가 살고 있습니다. 누가 추장이 되든지 저는 상관 않습니다. 다만 우리 아파치 는 저 산을 넘어야 합니다."

노 추장의 얼굴에 서렸던 노기가 서서히 변하더니 놀라움과 기쁨으로 활짝 퍼졌습니다. 다른 두 용사는 산꼭대기에 올랐다는 증거물을 가져왔으 나, 이 세 번째 용사는 아파치족 전체를 위한 미래의 꿈! 아파치족이 나가야 할 미래의 꿈을 가져왔던 것입니다. 노 추장은 아파치족 전체를 상징하는 오색 찬란한 추장의 깃털과 긴 창을 그에게 넘겨주며, 아파치족 최고의 용 사를 힘껏 껴안았습니다. "위대한 아파치족의 용사여! 아파치족의 다음 시 대를 그대에게 맡기노라!"

2000년 5월

꿈이 있으면 고난을 극복할 수 있습니다

그는 11번째 아들로 태어나 부모의 사랑을 독차지하며 자랐습니다. 그러나 그는 형들과는 달리 꿈을 가지고 있었습니다. 그는 형들이 자기 자신에게 존경하는 절을 할 것이며, 부모님마저도 자신에게 절을 할 정도로 귀한 사람이 될 것이라는 꿈이었습니다. 그래서 형들마저도 그를 향하여 '꿈쟁이', '꿈꾸는 자'라고 하며 그의 꿈이 어떻게 되는가 보자라고하며 질투했습니다. 그런데 그는 그의 꿈의 실현과는 거리가 먼 고난의 삶의 연속이었습니다.

그의 형들은 아버지가 죽은 후에 이집트의 총리가 된 그의 동생이 자신들에게 원한을 품고 자신들이 그에게 했던 모든 잘못에 대해 앙갚음을 할까 두려웠습니다. 그래서 이집트의 총리인 그의 동생 앞에 엎드려 용서를 빌었습니다. 이때 그는 형들에게 이렇게 말합니다. "두려워하지 마시오. 제가 하나님을 대신하겠습니까? 형님들은 저를 해치려고 악을 꾀했지만 하나님은 지금 보시는 것처럼 그것을 선하게 바꾸셔서 오늘날 많은 사람들의 생명을 구하셨습니다."

미래를 꿈꾸며 고난과 역경을 훈련과 연단의 과정으로 삼은 주인공은 바로 그 당시 세계를 지배하던 강국 이집트의 총리가 된 야곱의 아들 요셉입니다. 요셉은 고난 가운데 있을 때 삶을 포기하거나 절망하지 않고 도리어 죄지을 수 없다며 올곧게 살았던 모습을 봅니다.

그는 형들의 미움 때문에 비자도 없이 당시 세계의 중심지인 이집트에 갑니다. 그는 보디발의 아내 때문에 억울하게 감옥에 가게 됩니다. 그는 힘든 감옥살이 덕분에 이집트의 왕 바로의 꿈을 해몽하게 되고 이집트의 총리가 됩니다. 결코 고난은 헛된 것들이 아니었습니다. 고통은 치욕이 아니라 자산이 될 수도 있습니다. 여러분들은 고난을 당할 때 실망하지 말고 도리어 기뻐하기 바랍니다. 하나님께서 큰 인물로 사용하기 위하여 훈련시키는 과정일 수도 있기 때문입니다.

중·고등학교 6년 과정은 답답하고 힘든 시기일 수 있습니다. 이 시기를 미래의 주인공이 되기 위해 준비하는 기회로 삼아야할 것입니다. 이 땅위에 하늘나라 건설의 꿈을 가지고 노력한다면, 그 꿈을 실현하는 데는 많은 도전과 어려움을 겪겠지만 이웃을 섬기고, 세상을 섬기며, 많은 생명을 구하는 큰 일꾼이 될 것입니다.

2000년 5월

민족의 지도자 도산島山 안창호 선생

도산島山 안창호安昌浩(1878-1938) 선생은 평안남도 강서 출신으로, 기독교 신앙과 민주정신으로 겨레 얼을 살려낸 지도자로 일제의 탄압 속에서도 끝까지 민족에 대한 희망을 버리지 않았었습니다.

안창호 선생이 14살에 공부하기 위해 서울에 올라왔는데 청일전쟁이 일어나 소란스럽고 의지할 곳도 없었습니다. 마침 가까운 곳 경신학교에서 젊은이들에게 신학문을 가르치고 있었습니다. 날마다 마당 옆에 와서 멍하니 구경하는 시골 초립동草笠童인 안창호를 보고 학생들이 선교사의 허락만 받으면 된다면서 공부를 권하였습니다. 그래서 선교사를 찾아가서 다음과 같은 대화를 나누었다고 합니다.

"어디서 왔나?"

"평양에서 왔습니다."

"평양이 여기서 몇 리인가?"

"800리입니다."

"뭐 하자고 거기서 공부하지 않고 여기까지 왔나?"

"그럼 제가 하나 묻겠습니다. 미국이 여기서 몇 리입니까?"

"80,000리"

"그럼 80,000리 밖에서 가르쳐 주러 오는데 800리 밖에서 배우러 못 올 것 무엇입니까?"

이렇게 해서 안창호 선생은 기독교와 신학문을 익히게 됩니다.

건국대학교 총장을 지내고 후에는 한신대학교 학장을 지낸 정대위(1917-

2003) 목사가 평양에서 중학교 졸업식을 마치고 친구들과 식당에서 서로의 꿈을 이야기하고 있었습니다. 어떤 학생은 큰 정치가가 되어 나라를 구하겠다고 했고, 어떤 학생은 큰 사업가가 되어 이 나라의 경제를 일으키겠다고 했는데, 정대위 학생은 목사가 되어 민족의 정신을 일깨우겠다고 말했습니다. 마침 그 식당에서 그 이야기를 듣고 있던 안창호 선생이 정대위 학생에게 허리를 깊숙이 숙이며 "미래의 목사님, 꼭 이 민족의 정신을 일깨워 주세요."하고 당부했다고 합니다.

일제의 탄압이 극에 달했을 때 도산은 가택연금을 당하고 있었습니다. 하루는 도산이 마당의 돌을 모두 캐내서 뾰족한 쪽을 위로 세워 놓았습니다. 선생의 이러한 모습을 지켜보던 형사가 "선생님, 왜 돌들을 다 세워 놓으십니까?"하고 묻자 도산은 "우리 민족은 언젠가는 반드시 이 돌들처럼 일어설 것이다."라고 말했습니다. 미래를 앞당겨 보여주는 예언자의 상징적인 행위라 하겠습니다.

도산 안창호 선생의 강연을 듣고 남강南岡 이승훈 선생이 늦게 민족교육운동에 뛰어들어 오산학교를 세우고 3·1운동을 주도했습니다. 오산학교에서 고당古堂 조만식 선생이 두 차례나 교장을 지냈고 기독교적 민족사상가 다석多石 유영모 선생도 교장을 지냈으며 이 학교에서 김소월과 함석헌이 나왔습니다.

우리학교는 안창호 선생의 이러한 깊고 높은 뜻을 이어 받고자 학교 이름도 안창호 선생이 세웠던 대성학교의 이름을 그대로 이어 받았습니다.

2002년 5월

성공적인 삶

한 청년이 동네 어귀를 달려 들어오면서 소리칩니다.

"나왔어요. 드디어 내가 나왔어요."

그의 손에는 신문이 들려 있습니다. 그의 얼굴은 흥분과 기쁨으로 상기되어 있습니다. 그의 외침을 들은 동네 사람들이 하나 둘 씩 문 밖으로 나옵니다. 그는 계속해서 외쳐댑니다.

"나왔어요. 나왔다니까요. 내 이름이 나왔다고요."

그의 손에 들려진 신문 뭉치가 조금씩 풀리며 너플거립니다. 이윽고 동네 사람들이 그의 주변을 둘러쌌습니다. 그는 동네 사람들 앞에서 보란 듯이 그 신문 뭉치를 펼치며 말합니다.

"내 이름, 여기 나왔어, 여기…"

그가 자랑스럽게 내민 것은 바로 조간신문이었습니다. 사람들은 호기심에 가득 차서 신문을 펼칩니다. 그들은 그들이 잘 알고 있는 '메스컴 탄' 그 사람의 장한 이름을 찾아내려고 신문을 샅샅이 뒤집니다. 마침내 찾았습니다. 사회면의 한구석 짧은 기사 속에 실린 그의 이름을…, 그런데 이게 웬 말인가! 그 이름 다음에 실린 활자들은 그가 아랫마을에서 범죄를 저질렀다는 내용을 담고 있으니…,

이것은 러시아의 소설가 안톤 체호프A. P. Chekhow가 쓴 어느 단편 소설 줄거리입니다. 이것은 19세기의 러시아의 사회상을 신랄하게 풍자한 것입니다. 유명인사가 되고, 성공하고 싶어 하는 인간의 비뚤어진 욕망에 대한 예리한 해부가 아닐 수 없습니다.

꽃도 가꾸어야 더욱 아름답습니다.

종종 사업에 성공했다고 해서 남들에게 성공의 비결 운운하는 사람들이 있습니다. 또 한 분야에서 대가가 되었다고 성공한 것으로 아는 사람들도 있습니다. 이는 잘못된 성공관일 수 있습니다. 여러분은 사업에 성공했기 때문에 오히려 인생에서는 실패한 사람들을 더 많이 볼 수 있기도 합니다. 사업에서의 성공이 인생에서의 성공인 줄로 착각하고 있다가 자기도 모르는 사이에 자신의 삶을 잃어버리고 남의 삶을 산다든지, 성공한 사람 행세하다 보니 사고의 틀이 경직되어 자신의 삶이 죽는 줄도 모르고 살아가고 있는 사람들도 있습니다.

성공은 자신의 삶을 어디에 바치느냐에 달려있습니다. 성공은 평화, 자유, 사랑을 구현하는 삶을 바친 사람들에게 주어지는 칭호입니다. 평화와 사랑을 위해서 인생을 바치고 나서도 자신의 생애는 실패했다고 생각하며 죽어간 사람들도 때로는 있습니다. 인생의 성공과 실패는 자신이나 사람들이 어떻게 보느냐에 달려 있는 것이 아닙니다.

아무리 유명해지고, 한 분야의 대가가 되고 사업에 성공하고 자기가 어릴 때부터 바라던 소망을 이루었다고 하더라도 성공한 삶이라고 말 할 수 없습니다. 오직 평화와 사랑과 정의가 넘치는 사회를 만드는 일에 참여한 생애만이, 또 그러한 일에 바쳤던 순간만이 영원불멸의 삶, 즉 성공적인 삶이라 할 수 있습니다.

1995년 5월

112

꿈을 바르게 실현하는 길

장래 꿈Vision이 무엇이냐고 물으면 판·검사, 장군, 국회의원, 또는 의사가 되겠다고 하는 경향이 있습니다. 그러나 꿈을 실현한다는 것은 다만 무엇이 되느냐가 아니라 어떻게 사느냐에 있습니다. 예를 들면, 목표를 세워 의사가 되었습니다. 그리고 자기의 의술醫術로 돈을 모으는 일에만 전념하지 않고 가난하고 병든 사람을 돕는데 사용했습니다. 그럴 경우 우리는 그 사람을 가리켜서 꿈을 실현한 사람이라고 부릅니다.

1995년 12월 25일 성탄절 새벽에, 병환 중 85세로 타계他界하신 장기려 박사는 꿈을 바르게 실현한 분이라 하겠습니다. 장기려 박사는 북녘 땅에 다섯 남매와 부인을 남겨 두고 월남하여, 1959년 부산에서, 일산산부인과 병원장 매킨지 씨 등과 함께 '기독의사회'를 조직해 행려병자들을 위한 무료 진료를 시작했습니다. 그리고 장 박사 자신은 병원 꼭대기 층에 방 한 칸을 마련해 청빈한 삶을 살아왔습니다. 그는 '가난한 사람을 돕는 것이 곧 인술仁術'이라는 신조로 일해 왔으며 '행려병자의 아버지'로도 불렸습니다. 또한, 1968년부터는 우리나라 의료보험의 효시인 청십자운동을 전개하기도 했습니다.

장 박사는 돈이 없어 퇴원을 못하는 환자들이 사정을 하면 그냥 퇴원을 시켰습니다. 직원들이 병원 운영에 대한 것은 제발 간여하지 말아달라고 하자, 한 환자에게 뒷문을 열어주며 몰래 도망치라고 했다는 유명한 일화를 남길 정도로 순박한 삶을 살아왔습니다. 의사가 되기 전 가난한 사람들을 위해 인술을 펴겠다고 하나님께 다짐했다는 장 박사는 평생 동안 이 약속을 지켜 돈 없고 불쌍한 사람들의 친구가 됐습니다. 1979년에는 그의 봉사 활동이 국내뿐 아니라 전세계에 알려져 '막사이사이 상'을 수상했으며, '한국의 성자'라는 새로운 칭호를 얻게 되었습니다.

평생을 독실한 기독교 신앙에 기초한 '희생'과 '봉사'의 삶을 살아온 장 박사는 춘원春園 이광수의 소설 『사랑』의 남주인공 '안빈安賓'의 모델로도 유명합니다.

북한에 두고 온 아내를 못 잊어 평생 혼자 살면서 "북한에 아내가 살아 있는데 어떻게 또 결혼을 할 수 있느냐? 성경 말씀에 따라 살아야 한다."며 외로운 생활을 해왔습니다. 평생을 성경 묵상과 사랑 실천으로 보낸 장 박사는, 그와 함께 월남한 유일한 혈족인 차남 가용(서울의대 교수)씨에게 "내가 죽으면 비문에 '주님을 섬기다 간 사람'이라고 써달라."라는 유언을 남겼다고 합니다.

자기가 배운 학문과 기술을 자신만을 위해 돈 버는 수단으로가 아니라 다른 사람을 위하여 봉사하는 수단으로 생각하는 사람, 내가 가진 기술이나 직업을 통해 다른 사람들을 위해 봉사하는 사람, 이러한 사람을 꿈과 이상을 바르게 실현하는 사람이라고 합니다.

1996년 5월

참고 ───────────
장기려 저, 『회고록·인생론』, 규장문화사, 1985
지강유철 저, 『장기려, 그 사람』, 홍성사, 2007
"'한국의 슈바이처' 장기려 박사 별세" 서울신문 1995년 12월 26일자
"'한국의 슈바이처' 장기려 박사 별세" 중앙일보 1995년 12월 26일자
"'한국의 슈바이처' 장기려 박사 별세" 조선일보 1995년 12월 25일자
"장기려박사 이웃사랑 사회속에 확산되길", 이해숙(부산시 사상구 주례2동), 조선일보 1995년 12월 29일자

기도하는 손

독일의 화가이자 조각가인 알브레히드 뒤러Albrecht Durer(1471~1528)는 소묘 900여 점, 목판화 350여 점을 비롯해서 많은 작품을 남겼지만 그 가운데서도 대표작은 현재 독일의 뉴른베르크 박물관에 보관되어 있는 "기도하는 손"입니다.

이 그림에 얽힌 유명한 이야기는 위대한 우정을 우리에게 증언합니다. 그림 공부에 뜻은 두었으나 가난했던 뒤러와 친구는 서로 약속을 했습니다. 한 친구가 먼저 그림 공부를 하는 동안 다른 한 친구는 노동을 해서 학비를 돕기로 한 것입니다. 뒤러가 먼저 공부를 하게 되었습니다. 시간이 지나 어느 정도 이름을 얻게 되자, 뒤러는 친구를 공부시키기 위해 찾아갔습니다. 그때 친구는, 노동으로 거칠어진 두 손을 모으며 하나님께 기도하고 있었습니다. "하나님, 저는 심한 노동으로 손이 굳어져 그림을 그릴 수 없게 되었습니다. 하오나 내 친구 뒤러만은 화가로서 성공하게 해주십시오." 그 모습을 보던 뒤러는 흐르는 눈물을 닦을 생각도 하지 않고 그 자리에서 연필을 꺼내 친구의 기도하는 손을 스케치했습니다.

진정한 친구란 어려울 때 도움을 주는 존재인데, 예레미야의 친구들은 그가 어려울 때 배반했고, 예레미야의 마음에 많은 슬픔을 안겨주었습니다. 욥의 경우에도 고통 중에 있는 욥에게 세 친구들이 찾아와서, 위로하며 동정하기는커녕 도리어 조롱의 말을 쏟아내고 있는 것을 보게 됩니다. 도대체 조롱의 유익이 무엇이기에, 고통을 받고 있는 친구에게 조롱을 퍼부을 수가 있단 말입니까?

   우리도 때로 처절한 고통을 당할 때가 있습니다. 위로할 자가 멀리 떠나
고 아무도 우리를 불쌍히 여기거나 동정해주지 않을 때도 있습니다. 그러
나 그 순간에도 절망해서는 안 됩니다. 우리도 친구를 위해 기도해줄 수
있는 귀한 친구가 되어야 하겠습니다. 지금, 누가 고통 받고 있는지 찾아보
시기 바랍니다.

                                                        2009년 11월

사람을 찾습니다

어떤 일을 하려고 하면 사람은 많은데 꼭 필요한 사람은 아주 귀합니다. 재능 있는 사람, 능력 있는 사람, 학식 있는 사람, 돈 많은 사람은 수없이 많습니다. 그러나 막상 어떤 일에 필요한 사람을 찾으면 지극히 적다는 사실입니다. 더욱이 믿고 신뢰할 만한 사람은 찾기가 더 어렵습니다. '사람 다운 사람'은 정말로 귀합니다.

1895년 을미사변 당시 명성황후가 침실에서 일본인 자객刺客에 의해 무참히 살해된 이후 고종황제는 기독교인과 선교사들을 믿고 찾았기에 윤치호를 비롯한 몇몇 기독교인들이 고종을 안위하고 보호했다고 합니다. 그리고 어두운 민족 역사의 한복판에서 기독교인들은 소망의 빛으로서의 사명을 감당했습니다. 정말로 필요해서 찾는 사람은 어떤 사람인가요?

새 출발하는 사람을 찾습니다.
꼭 필요한 사람은 지나간 과거의 일을 후회만하는 사람이 아니라 미래를 향하여 새 출발하는 사람입니다. 세상에는 후회하는 사람은 많습니다. 눈물과 입으로만 하는 과거의 잘못을 청산하는 것이 아니라, 행동으로 잘못을 청산하고 변화의 삶을 위해 새 출발하는 사람을 찾습니다.

신용 있는 사람을 찾습니다.
자신의 말에 책임을 지는 사람을 찾습니다. 말로만 일을 하는 사람이 아니라 말보다 앞서 행동으로 말을 하는 사람입니다. 그래서 신용이 있는 사람 곧 언행일치言行一致하는 삶을 사는 사람을 찾습니다.

인내하며 용기를 가지고 일하는 사람을 찾습니다.

세상을 살다보면 어려운 일도 있습니다. 힘든 일이라 할지라도 중간에 포기하거나 실망하지 않는 사람을 찾습니다. 아니 정직하고 바르게 행하면 모든 것이 합력하여 선이 되고 마지막에는 승리자가 될 것이라는 확신을 가지고 인내하며 용기를 가지고 희망 가운데에서 성실하게 일을 담당하는 사람을 찾습니다.

세상살이에 문제가 있는 것은 너무나 당연한 일입니다. 그렇다면 문제가 있어서 문제가 있는 것이 아니라 그 문제를 담당하여 해결할 사람이 없다는 것이 문제입니다. 18세기 부패한 영국 사회를 개혁한 웨슬레 목사는 어느 날 그의 기도실에서 이런 기도를 드렸습니다. "하나님, 저에게 믿음의 사람 12명만 주십시오. 이들과 함께 전세계를 하나님의 나라로 만들겠습니다."

1998년 6월

누가 키 큰 골리앗을 죽였는가?

지난 세기는 외형적인 것, 눈에 보이는 것(토지, 재산, 돈 등등), 큰 것을 중요하게 여기는 키가 큰 골리앗의 시대였다면 앞으로는 내적인 것, 눈에 보이지 않는 것(창의력, 꿈, 정보, 지혜, 건강 등등) 작은 것들을 더 중요하게 여기는 소년 다윗의 시대라고 하겠습니다. 키 큰 골리앗과 싸워 이긴 소년 다윗은 어떤 사람이었는지 살펴보고자 합니다.

작은 일에 신실(信實)하였던 사람입니다.

소년 다윗은 팔 형제 중 막내로서 양을 돌보는 목동(牧童)이었습니다. 양을 돌보는 일이 보잘 것 없는 일로 보일 수도 있었지만 다윗은 그 일에 결코 소홀히 하지 않았습니다. 자기에게 주어진 일에 성실하게 최선을 다하였습니다. 소년 다윗은 후에 이스라엘의 왕이 되었습니다. 작은 일도 못하는데 어떻게 큰 일을 할 수 있겠습니까?

세상을 보는 안목(眼目)이 달랐습니다.

골리앗은 키가 무려 3m에 가까운 사람이었습니다. 그래서 이스라엘 군인들이 골리앗의 덩치에 기가 꺾여, 감히 대항해 볼 생각조차 못하고 있었습니다. 그런데 소년 다윗은 그와 맞붙어 싸워 이겼습니다. 아마도 소년 다윗은 이런 생각을 했었을 것입니다. 물맷돌을 던져 맞히기에는 작은 사람보다는 키가 큰 골리앗이 더 유리하다고 말입니다. 다른 사람들은 큰 골리앗을 이길 수 없다고 포기하고 있을 때 소년 다윗은 도리어 키가 큰 골리앗이기에 돌을 더 잘 마칠 수 있을 것이라고 생각했을 것입니다.

전문적인 기술을 개발한 사람이었습니다.

소년 다윗은 목동으로 양을 보살피면서 종종 양을 해치려는 야생동물들을 물리치기 위해 물매를 이용 했습니다. 돌로 정확히만 맞히기만 하면 야생동물들을 물리치는 방법으로는 그 이상 좋은 방법이 없습니다. 소년 다윗은 물매 연습을 반복하였을 것이고 전문가가 된 것입니다. 다윗은 양을 지키기 위하여 물매 전문가가 되었는데, 그 물매로 키 큰 골리앗을 물리치고 나라를 구하였습니다.

자신은 하나님의 일꾼이라고 생각하였습니다.

경매장에서 그릇을 경매할 때 누가 사용한 그릇이냐에 따라 가격이 달라지는 것을 봅니다. 왕이 사용하였던 그릇이라면 보잘 것 없는 그릇일지라도 아주 비싼 가격에 경매가 됩니다. '나는 누구냐?'도 중요하지만 '나는 지금 누구에게 쓰임 받고 있느냐?'가 더 중요할 수도 있습니다.

소년 다윗은 골리앗과 싸울 때도 자신이 혼자 싸운다 생각하지 않고 "하나님의 이름으로 네게 나간다!"하며 싸웠습니다.

2004년 5월

참다운 지도자 백범白凡 김구 선생

각계각층의 지도자들이 참다운 지도력을 발휘한다면 위기를 당한다 하더라도 위기를 잘 극복할 수 있게 될 것입니다. 우리나라의 현대사 인물 중에서 가장 존경받는 지도자 중의 한 분인 백범白凡 김구金九(1876-1949) 선생에게서 참다운 지도자의 모습을 배우고자 합니다.

사리사욕私利私慾에 눈이 어두워서는 안 됩니다.

김구 선생이 임시정부 주석으로 있을 때, 선생의 측근들이 생일을 맞는 선생에게 얼마간의 성금을 모아 주었습니다. 그러나 그 소식을 들은 선생의 어머님은 화를 내며 50대의 아들 김구 선생의 종아리를 회초리로 때렸답니다. 성의로 알고 무심코 받은 그 돈 때문에 벌을 받으며 김구 선생은 그 일을 두고두고 부끄러워했다고 합니다.

공公과 사私의 구분이 분명해야 합니다.

의약품이 부족하여 질병에 걸린 이들이 약품을 공급받지 못하고 있을 때 의약품이 공급되었습니다. 그때 선생의 아들이 호흡기 질환에 걸려서 치료받아야 하는데도 남들보다 먼저 의약품을 받을 수 없다고 고집하다가 끝내 아들은 죽었습니다. 선생은 '비정한 아버지'로 주위 사람들로부터 책망도 받았지만 공적公的인 일을 앞세웠던 그의 선공후사先公後私 정신이 분명하였음을 보여주는 사건이었습니다.

꽃도 가꾸어야 더욱 아름답습니다.

공동체를 위해 목숨을 바칠 수 있어야 합니다.

선생은 1946년 4월 26일 부활 주일 연합예배에서 "여러분 얼굴에 은혜와 기쁨이 충만한 것을 보고 먼저 하나님께 감사합니다. 나는 죽음을 두려워하지 않습니다. 나는 그리스도인인 고로 거짓 없는 내 양심은 나는 죽음을 초월하고 나라를 사랑하였을지언정 나는 나라를 팔아먹는 사람이 아닙니다라고 증거 합니다. 내가 만일 어떤 자의 총에 맞아 죽는다 해도 기쁜 일입니다. 그것은 성경의 말씀처럼 한 알의 밀이 땅에 떨어져 죽으면 많은 열매를 맺는 것(요 12:24)같이 나 이상의 애국자가 많이 나오겠기 때문입니다. 나를 위해 여러 교회들이 눈물 흘리며 기도해 준다니 참 감사합니다. 여러분이 눈물 흘리면 나는 피를 흘릴 것이니 이 눈물과 이 피로 우리들이 갈망하는 조선을 하나님 나라로 세워봅시다."(『활천』, 1946년 6월호)라고 밝힌 것을 보면 그가 조국의 완전한 독립과 통일 정부 수립을 위해 목숨 바칠 각오를 하고 있었음을 봅니다.

선생의 부탁을 받고, 의거에 앞서 태극기 앞에서 선서하면서 환하게 웃고 있는 이봉창 의사의 모습을 사진을 통해 볼 수 있습니다. 죽음을 앞둔 그가 웃을 수 있었던 것은 조국 독립에 대한 희망도 있었지만 지도자 김구 선생에 대한 전적인 신뢰와 존경 때문이었다고 생각합니다. 조국의 독립과 통일을 위해 기꺼이 죽을 준비가 되어 있는 지도자가 있었고 이와 같이 목숨을 바친 인물들이 있었기에 우리나라는 일제로부터 독립할 수 있었습니다.

1999년 5월

가장 기본이 되는 질문

일제 강점기 시대에 어느 선교사가 거리에 나가서 복음을 전했습니다. "여러분, 예수 믿으면 구~원을 받습니다." 이 말을 듣고 어떤 할머니가 주일에 교회에 나왔습니다. 예배를 마친 후 이 할머니가 선교사에게 말했습니다. "교회에 오면 9원을 준다고 해서 나왔는데 왜 9원은 안 줍니까?" 이할머니는 구원救援 salvation을 돈 9원으로 생각하고 교회에 나온 것입니다. 9원에 비할 수 없을 만큼 값진 '구원'이 값없이 선물로 주어지는 것을 몰랐던 것입니다.

구원은 인간의 노력이나 고행苦行이 아니라 오직 믿음으로 얻는 것입니다. 사도 바울이 빌립보에서 복음을 전하다가 귀신 들린 여종을 만났습니다. 바울은 그 여종이 불쌍하여 귀신을 쫓아내었고 그녀는 구원을 얻게 되었습니다. 그런데 이 여종으로 말미암아 수입을 짭짤하게 올리던 주인이 자기 수입이 끊어진 것을 보고 바울과 실라를 붙잡아 이상한 풍속을 전한다고 관리들에게 고발하였습니다. 결국 바울과 실라는 감옥에 갇히고 말았습니다. 깊은 감옥에 갇힌 바울과 실라는 절망할 수도 있었습니다.

그러나 바울과 실라는 낙심하지 않고 한밤중에 하나님께 기도하며 찬송하였습니다. 그때 갑자기 지진이 일어나서 땅이 흔들리고 감옥 문이 열렸습니다. 간수가 자다가 깨어 감옥 문이 열린 것을 보고 죄수들이 다 도망친줄 알고 칼을 빼어 자결하려고 하자 바울이 크게 소리 질러 말하였습니다. "당신 몸을 상하게 하지 마시오! 우리가 다 여기 있소!"(행 16:28)

그때 감옥의 간수가 바울과 실라 앞에 엎드렸습니다. "선생님들, 제가 구원받으려면 어떻게 해야 합니까?"(행 16:30) 이 질문은 인간의 가장 기본이 되는 질문, 세상 모든 사람이 관심을 갖는 중요한 질문입니다. 구원은 인간의 노력이나 고행의 대가가 아니라 믿음으로 말미암아 받는 은혜의 선물입니다.

2009년 8월

말[馬]의 눈 마스크의 교훈

싸이의 노래 '강남 스타일'과 말춤이 세계를 흔든 적이 있습니다. 저희 집에서 그다지 멀지 않은 곳 서삼릉西三陵쪽에 말들이 많이 있는 원당 경마 교육원(종마 공원)이 있습니다. 그런데 어떤 절기가 오면 몇몇 말들의 눈에 마스크를 씌웁니다. 그것 때문에 앞을 못 보게 될 것을 생각하면서, 저는 오랫동안 그런 말들을 딱하게 여겼습니다. 그러다가 마스크에 대한 저의 추측이 틀렸다는 것을 알게 되었습니다. 그 마스크는 성긴 망사로 만들어져 있어서 말들은 앞을 볼 수 있지만, 말의 눈에 질병을 일으키는 파리들은 그 마스크 안으로 들어갈 수 없습니다. 그 마스크는 말들을 보지 못하게 하는 것이 아니라, 말들의 눈을 보호해 주는 것이었습니다.

흔히 그리스도인이 아닌 사람들은 제가 말 마스크에 대해 잘못 알았던 것과 비슷하게 성경에 대해 잘못된 결론을 내리곤 합니다. 그들은 성경을 우리가 가질 수 있는 모든 즐거움을 보지 못하도록 하나님께서 우리의 눈에 덮어씌우는 어떤 것으로 생각합니다. 그들은 예수가 그리스도인들이 즐거운 삶을 누리는 것을 막는다고 생각하기 때문에 그리스도인들을 안쓰럽게 생각하기도 합니다.

성경 말씀은 좋은 것들을 보지 못하게 막는 것이 아니라, 영적인 눈의 시력을 흐리게 하는 거짓들에게 우리 자신이 감염되는 것을 막아줍니다. 성경은 삶을 즐겁게 누리는 것을 막는 것이 아니라, 진정한 즐거움을 가능

---

* '강남 스타일'은 2012년 7월에 세계적으로 유행한 노래입니다.

하게 해줍니다. 성경은 진실을 알지 못하게 막는 것이 아니라, 거짓을 믿지 않도록 우리를 지켜줍니다. 성경 말씀으로 세상을 걸러 보게 되면, 우리 자신을 진정으로 자유하게 하는 진리를 알게 되는 것입니다.

2015년 5월

체로 세 번 걸러라

누군가 소크라테스를 찾아와 다급하게 소리쳤습니다.

"여보게 소크라테스 이럴 수가 있나? 방금 내가 밖에서 무슨 말을 들었는지 아나. 아마 자네도 이 이야기를 들으면 깜짝 놀랄꺼야. 그게 말이지…"

이 때 소크라테스가 말했습니다.

"아직 말하지 말고 잠깐만 기다리게. 자네가 지금 급하게 전해주려는 소식을 체로 세 번 걸렀는가?"

그는 소크라테스의 말을 이해하지 못해 머리를 갸우뚱거렸습니다.

"체로 세 번 걸렀냐니? 무슨 체를 말하는 건가?"

"첫 번째 체는 진실이네. 지금 말하는 내용이 사실이라고 확신할 수 있나?"

"아니 그냥 거리에서 주어 들었네."

"두 번째 채로 걸러야겠군. 그럼 자네가 말하는 내용이 사실이 아니더라도 최소한 선의에서 나온 말인가?"

그러나 그 사람은 우물쭈물하며 아니라고 답했습니다.

"그럼 세 번째 체로 걸러야겠군. 자네를 그렇게 흥분하게 만든 소식이 아주 중요한 내용인가?"

"글쎄…"

"자네가 나에게 전해 주려는 소식이 사실도 아니고, 게다가 선의에서 비롯된 마음으로 전해주려는 것도 아니고, 더구나 중요한 내용도 아니라면 나에게 말할 필요가 없네. 이런 말은 우리의 마음만 어지럽힐 뿐이네."

꽃도 가꾸어야 더욱 아름답습니다.

말 한마디로 천 냥 빚도 갚지만 한 생명을 죽이거나 살릴 수도 있다는 것을 늘 기억하며 말해야 할 것입니다.

2013년 6월

참고 ─────────────────
사랑밭 새벽편지 2007년 7월 25일자

오래 참으십시오

믿음의 다른 이름은 '오래 참음'입니다. 농부가 가을에 귀한 열매를 거두리라 믿기에 이른 비와 늦은 비가 내리기까지 기다립니다. 예수의 재림을 믿기에 믿음을 굳게 하여 그 모든 환난과 역경을 길이 참아낼 수 있는 것입니다.

그런데 길이 참는 믿음을 방해하는 훼방꾼이 있으니, 바로 원망이라는 것입니다. 원망이란 단어를 국어사전은 '못마땅하게 여기어 탓하거나 불평을 품고 미워함'이라고 풀어줍니다. 모든 것이 못마땅하니, 믿음 대신 불평으로 가득합니다. 서로를 탓하며 불평하니, 서로 믿고 사랑해야 할 형제와 자매들을 끝내 미워합니다. 원망이 믿음과 인내를 방해합니다. 더 안타까운 사실은 서로 원망하는 자는 심판을 피하지 못한다는 것입니다.

> "형제들이여, 심판을 받지 않으려면 서로 불평하지 마십시오. 보십시오. 심판자가 문 앞에 서 계십니다." (약 5:9)

이제 우리가 해야 할 일은 오래 참음으로 고난을 이겨낸 믿음의 선배들의 본을 따라, 길이 참는 일입니다. 욥의 인내를 본받아, 길이 참음으로 마침내 하늘의 복을 받아 누리며, 세상에 나가 복의 근원으로 사는 일입니다. 오직 믿음으로 길이 참아, 하늘의 복으로 이 땅에서 축복의 통로가 되는 우리들의 삶이 되어야 하겠습니다.

> "사랑은 오래 참고 친절하며 사랑은 시기하지 않으며 자랑하지 않으며 교만하지 않으며 무례하지 않으며 자기 유익을 구하지 않으며 성내지 않으며

꽃도 가꾸어야 더욱 아름답습니다.

원한을 품지 않으며 불의를 기뻐하지 않으며 진리와 함께 기뻐하고 모든 것을 덮어 주고 모든 것을 믿으며 모든 것을 버리고 모든 것을 견딥니다."

(고전 13:4-7)

"그러므로 형제들이여, 주께서 오실 때까지 오래 참고 기다리십시오. 보십시오. 농부는 땅의 열매를 참고 기다리며 이를 위해 이른 비와 늦은 비가 내리기까지 기다립니다. 여러분도 오래 참고 여러분의 마음을 굳건히 하십시오. 주의 강림이 가까이 왔기 때문입니다."

(약 5:7-8)

"그래도 우리는 여러분 각자가 소망의 완성에 이르기까지 동일한 열심을 나타내기를 간절히 원합니다. 여러분은 게으른 사람이 되지 말고 믿음과 인내로 약속을 상속받는 사람들을 본받는 사람이 되십시오."   (히 6:11-12)

2012년 12월

만남이 중요합니다

어느 한 나라의 대통령과 부인이 주유소에서 주유소 사장으로 일하는 대통령 부인의 옛 남자 친구를 만났습니다. 주유를 마치고 떠나면서 차안에서 대통령이 부인에게 자신을 만나지 않았다면 지금쯤 주유소 사모님이 되었겠다고 하자 대통령의 부인이 "아니, 그 사람이 대통령이 되었겠지!"라고 이야기했다고 합니다. 우리는 누군가 만나면서 서로 영향을 주고받습니다.

요즘 축구의 종가인 영국에서 맹활약하고 있는 박지성 선수가 있기까지는 수원공고 이학종 감독과 명지대 김희태 감독이 있었다는 사실을 많이 알려진 사실입니다. 그의 신체적인 조건과 환경으로는 성공하는 축구선수가 되기 어려웠습니다. 그리고 고등학교를 졸업하고 대학교 진학이 어려웠습니다. 그의 신체적인 조건 때문에 그를 영입하려는 학교가 없었기 때문이었습니다. 그때 이학종 감독이 김희태 감독에게 박지성을 추천하고 김희태 감독이 그의 숨은 자질을 보고 그의 신체적인 결함을 극복하도록 훈련시켰고 이끌어 주었던 것입니다.

이승엽 선수에겐 박흥식 코치가 있었습니다. 교교시절 경북고 에이스로 알려진 투수였습니다. 프로로 전환하였으나 고교시절 무리한 피칭으로 그만 어깨 이상으로 투수를 할 수 없었습니다. 그때 실의에 빠진 이승엽을 타자로 대성하도록 도운 사람이 바로 박흥식 코치 였습니다. 그래서 이승엽은 지금도 박코치와의 만남을 잊지 못하고 있다고 합니다.

꽃도 가꾸어야 더욱 아름답습니다.

성경에서도 귀한 만남들이 있습니다. 요셉과 이집트 왕 바로와의 만남, 룻과 보아스의 만남, 다윗과 요나단의 만남, 예수와 사마리아 여인과의 만남, 바울과 바나바의 만남 등등을 이야기 할 수 있습니다.

누구를 만나느냐에 따라 영향을 주고받습니다. 다른 사람에게서 좋은 영향을 본받기도 해야겠지만 우리를 부러워하여 우리를 본받으려고 하는 이웃들이 많이 생겼으면 합니다.

2007년 4월

이야기 넷

한 소녀가 산길을 걷다가…

이야기 넷

한 소녀가 산길을 걷다가…

항상 기뻐할 수 있습니까?

기뻐하고 감사하며 살아야한다고 이야기하면, 기뻐하며 감사할 일이 있어야 기뻐하며 감사할 수 있는 것 아닌가요? 라고 반문할지 모르겠습니다. 우리 주변에서 감사할 일을 찾는다는 것은 결코 쉽지 않습니다.

기뻐하십시오.

강아지도 기분 좋으면 기뻐하며 꼬리를 흔들고, 화가 나면 으르렁 거립니다. 사람은 동물과 달리 감정에 따라 좌우 하지 않을 수 있는 존재입니다. 그러하기에 사람은 항상 불평하며 살 수도 있고 항상 기뻐하며 살 수도 있는 존재입니다.

감사하십시오.

곰과 사람이 산에서 만났답니다. 곰도 기도하고 사람도 기도했답니다. 그런데 하나님께서는 곰이 감사하며 드리는 기도를 들어 주셨다는 이야기 아닌 이야기가 있습니다.

> 사람: 하나님, 살려 주십시오.
> 곰: 하나님, 일용할 양식을 주셔서 감사합니다.

행복하기에 기뻐하고 감사하며 사는 것이 아니라, 기뻐하며 감사하는 삶을 살아갈 때 행복한 삶을 살 수 있습니다.

꽃도 가꾸어야 더욱 아름답습니다.

항상 기뻐하고 감사하십시오.

기뻐하며 감사할 수 있을 때 감사하며 살라고 하지 않고, 항상 기뻐할 뿐만 아니라 항상 감사하며 살라고 합니다. 기뻐하며 감사할 수 있을 때 기뻐하며 감사하는 일은 어느 누구나 다 할 수 있습니다. 그런데 기뻐할 수 없고 감사할 수 없는 상황에서도 기뻐하며 감사하라고 합니다. 결코 쉽지 않은 일입니다만, 태양을 바라보고 있으면 그림자가 보이지 않는 것처럼 희망과 꿈을 가지고 미래를 바라보며 나아 갈 때는 항상 기뻐하며 감사할 수 있을 것입니다.

2007년 7월

한 청지기의 지혜

유대인의 지혜서인 탈무드에는 사람을 평가하는 기준이 3가지가 있다고 말합니다.

'재물을 어디에 어떻게 사용하느냐?'

돈을 사용하는 방법을 보면 그 사람을 알 수 있다고 합니다.

'무엇을 즐기고 있느냐?'

사람의 마음이 무엇에 빠져 있느냐? 사람의 마음이 무엇에 빼앗기고 있느냐에 따라 사람의 됨됨이를 알 수 있다고 합니다.

'얼마만큼 마음을 다스릴 수 있느냐?'

마음을 다스리는 사람의 인내력으로 사람을 평가할 수 있다고 합니다. 자기 자신을 통제하지 못했을 때 우리는 후회합니다.

성경에 나오는 청지기는 참 묘한 직책을 가진 종입니다. 청지기는 주인에게는 타율적으로 복종하는 종입니다. 청지기는 주어진 권한 안에서 자율적으로 관리하기도 합니다. 청지기에게는 주인과 결산하는 날이 있습니다. 주인의 것을 위임받아 관리하는 자이기에 주인 앞에서 결산하는 날이 온다는 것입니다. 그러기에 청지기는 결산하는 날 인정받는 선한 종으로 인정받기 위해 최선을 다 합니다.

꽃도 가꾸어야 더욱 아름답습니다.

한 청지기는 주인의 것을 가지고 자기 마음대로 일을 했습니다. 주인의 재산을 낭비하였습니다. 이에 주인은 청지기를 질책합니다. 그러자 그 청지기는 자기에게 주어진 권한으로 다른 사람들을 도와주고 주인의 재산을 나누어줍니다. 한마디로 이 청지기는 진실하지 못하고, 성실하지 못한 나쁜 사람으로 보일 정도로 주인의 것을 가지고 다른 사람들에게 선심을 베풀었습니다.

주인은 이 청지기를 다시 질책하지 않았습니다. 도리어 이 청지기의 앞을 내다볼 줄 아는 지혜, 인간의 한계와 미래를 내다보는 지혜, 더 나아가 미래를 앞당겨 바라보는 지혜를 보고 이 청지기를 칭찬하였습니다.

2008년 5월

정의正義를 따르라

모세는 이스라엘 백성들이 이집트를 탈출하여 광야에서 40여 년간 살다가 젖과 꿀이 흐르는 가나안 땅에 들어가기 전, 그들에게 여러 가지를 당부합니다.

그 중에 하나로 재판장과 지도자를 두라고 합니다.

> "너희 하나님 여호와께서 너희에게 주시는 모든 성에서 너희 각 지파마다 재판관과 관리들을 세우라. 그러면 그들이 백성들을 공평하게 판결할 것이다."
>
> (신 16:18)

공의로 재판할 사람을 세워서 재판하게 하라는 것입니다. 그러면서 재판장과 지도자에게 재판에 대한 기준을 알려주고 있습니다.

재판을 굽게 하지 말라.

재판할 때 곡해하지 말고 바르게 하라는 말씀입니다. 가해자나 피해자에게 억울하게 하지 말라고 합니다.

사람의 외모를 보고 판단하지 말라.

사람의 외적인 것, 그가 가진 재물이나 권세, 학벌, 가문을 보고 재판하지 말라고 합니다.

뇌물을 받지 말라.

뇌물은 지혜자의 눈을 어둡게 하고, 의인의 말ﷺ을 굽게 하기에 뇌물을 받지 말라 합니다.

  혹시나 재판장이 재판을 자기 마음대로 하기에, 백성이 고난을 당할까 걱정하는 지도자 모세의 마음이 보입니다. 백성이 하늘입니다. 그러므로 재판장들도 지도자들도 먼저 백성을 생각하라고 강조하는 것입니다. 정의 正義를 따르라. 공평하게 하라. 차별하지 말라. 편파적으로 하지 말라고 합니다.

2008년 6월

결정하기 전에…

미국의 케네디 대통령이 취임식을 할 때 프랑스의 드골 대통령은 그의 취임을 축하하며 다음과 같이 말했습니다.

"당신은 세계에서 가장 큰 권세를 쥐고 있습니다. 당신 손에 있는 권세로 세계의 역사와 운명이 좌우됩니다. 만일 문제가 생기면 많은 보좌관들이 전문적인 지식을 가지고 당신에게 조언할 것입니다. 그러나 이 사람, 저 사람의 말에 귀를 기울이다 보면 쉽게 결정을 내릴 수 없게 됩니다. 당신은 당신을 보좌하고 있는 사람들의 말을 모두 경청해야 합니다. 그러나 판단을 내려야 할 때는 아무도 없는 곳에서 혼자 하나님 앞에서 묵상하고, 가슴 깊은 곳에서 울려 나오는 하나님의 음성을 들어야 합니다."

살다 보면 다른 사람들의 이야기를 듣고 일을 판단하고 결정할 때가 많습니다. 그러나 사람들의 말을 듣고 결정하는 일은 결코 쉽지 않습니다. 더군다나 그 결정이 자기 자신과 관련된 것을 넘어서 한 가정, 한 사회, 한 국가의 일이라고 한다면, 더욱 그렇습니다.

나발은, 다윗이 보낸 사환들의 이야기를 듣고 즉각 다윗의 요청을 거절했습니다. 이미 사울마저도 다윗을 다음 세대의 왕으로 시인하고 있는 판인데, 나발은 다윗의 이름을 처음 들어본다는 듯이 행동합니다. 나발의 눈에는 다윗과 그 일행이 형편없는 사람들로 보였을 것입니다. 그저 주인에게서 도망쳐 광야로 뛰쳐나온 종들 중 한 부류라고 생각했습니다.

애써 가꾸고 기른 곡식과 가축을 다윗에게 내준다는 것은 나발의 입장에서는 여간 속상하는 일이 아니었을 것입니다. 조금 더 심사숙고하는 자세가 나발에게는 없었습니다. 후에 그 부인 아비가일이 말한 대로, 나발이라고 하는 이름 자체가 '미련한 자'라고 하는 것은 매우 의미심장합니다. 나발의 순간적인 판단과 그의 미련함은, 그 자신은 물론이거니와 그의 가족, 그가 속한 사회 전체에 위험을 초래하는 결과를 낳고 말았습니다.

살아가면서 우리가 중요한 판단을 내려야 할 때가 있습니다. 이때 단지 눈앞에 보이는 현상만을 가지고 쉽게 판단하고 결정하지 않아야 합니다. 혜안慧眼을 가지고 사물을 꿰뚫어 볼 뿐만 아니라 하나님의 음성을 듣고 바르게 판단하도록 노력해야 할 일입니다.

2008년 8월

늘 처음 사랑을 잃지 말며 삽시다

행복한 삶이란 자신이 이루고 싶었던 자신의 꿈이 완성되어져가는 모습을 즐기며 사는 삶이라고 생각합니다. 그러려면 초심/처음 사랑을 잃지 않도록 부단히 노력해야 할 것입니다.

우리가 아껴야 할 마음은 초심/처음 사랑입니다.
훌륭한 인물이 되고, 중요한 과업을 성취하기 위해서는
세 가지 마음이 필요하다고 합니다.

첫째는 초심/처음 사랑, 둘째는 열심, 셋째는 뒷심입니다.
그 중에서도 제일 중요한 마음이 초심/처음 사랑입니다.
그 이유는 초심/처음 사랑 속에 열심과 뒷심이 담겨 있기 때문입니다.

초심/처음 사랑에서 열심히 나오고
초심/처음 사랑을 잃지 않을 때 뒷심도 나오기 때문입니다.
초심/처음 사랑이란 무슨 일을 시작할 때
처음 품는 마음/사랑입니다.
처음에 다짐하는 마음/사랑입니다.
초심이란 처음사랑의 마음입니다.

초심/처음 사랑이란 겸손한 마음입니다.
초심/처음 사랑이란 순수한 마음입니다.
초심/처음 사랑이란 배우는 마음입니다.
견습생이 품는 마음입니다.

꽃도 가꾸어야 더욱 아름답습니다.

초심/처음사랑이란 동심입니다.

피카소는 동심을 가꾸는데 40년이 걸렸다고 말했습니다.
그래서 초심/처음 사랑처럼 좋은 것이 없습니다.
가장 지혜로운 삶은 영원한 초심자로 살아가는 것입니다.

우리가 무엇이 되고,
무엇을 이루었다고 생각할 때가 가장 위험한 때입니다.
그때 우리가 점검해야 할 마음이 초심/처음 사랑입니다.
우리 인생의 위기는 초심/처음 사랑을 상실할 때 찾아옵니다.

초심/처음 사랑을 상실했다는 것은
교만이 싹트기 시작했다는 것입니다.
마음의 열정이 식기 시작했다는 것입니다.
겸손히 배우려는 마음을 상실해 가고 있다는 것입니다.

초심/처음 사랑을 잃지 않기 위해서
우리는 정기적으로 마음을 관찰해야 합니다.
초심/처음 사랑과 얼마나 거리가 떨어져 있는지
초심/처음 사랑을 상실하지는 않았는지 관찰해 보아야 합니다.

초심/처음 사랑은 사랑과 같아서 날마다 가꾸지 않으면 안 됩니다.
사랑은 전등이 아니라 촛불과 같습니다.
전등은 가꾸지 않아도 되지만
촛불은 가꾸지 않으면 쉽게 꺼지고 맙니다.   －좋은 글 중에서－

2009년 6월

144

성숙한 인격을 위한 훈련

19세기 가장 뛰어난 일본 미술가 중 한 명으로 평가받는 가쓰시카 호쿠사이葛飾北齋(1760-1849)에게 어느 날 친한 친구가 '수탉'을 하나 그려달라고 부탁했습니다. 수탉을 그려본 적이 없던 호쿠사이는 친구에게 일주일 말미를 달라고 하더니, 차일피일 미뤘습니다. 그러다가 어느새 3년의 세월이 흐르게 되었습니다. 더 이상 참지 못한 친구가 호쿠사이에게 화를 냈습니다.

"자네, 얼마나 대단한 그림을 그리려고 그렇게 사람을 골탕 먹이는가?"

그때 호쿠사이가 친구에게 순식간에 수탉을 그려줍니다. 완성된 그림은 마치 살아있는 수탉을 보는 것처럼 생동감이 넘쳤습니다. 그림을 받아든 친구가 물었습니다.

"아니 이렇게 쉽게 그리는 걸 말이야, 나를 3년 동안 골탕을 먹였나!"

그러자 호쿠사이는 아무 말 없이 친구를 자신의 화실로 데려갔습니다. 그곳에는 3년 동안 밤낮으로 습작한 수탉의 그림이 산더미처럼 쌓여있었습니다. 친구는 크게 감동하였습니다. 그 훌륭한 그림은 3년 동안 쌓이고 쌓인 노력의 결과였던 것입니다.

자신의 재능만 믿고 어떠한 노력도 하지 않는다면 그 실력은 도태되기 마련입니다. 가장 지혜로운 선택은 자신의 재능이 있는 분야에서 노력을 게을리 하지 않고 최선을 다하는 것입니다. 그러면 누구도 뛰어넘지 못하는 최고의 경지에 이르게 될 것입니다.

성숙한 인격도 그러합니다. 온전한 인격은 나이 먹는다고 자동으로 완성되는 것이 아니라 끊임없는 훈련과 노력의 결과인 것입니다. 그러면 어떤 훈련, 어떤 노력을 해야 할까요?

나누는 훈련을 해야 합니다.
받았으면 가지고만 있지 말고 나누어야 합니다.

항상 새롭게 출발할 수 있어야 합니다.
늘 새 사람으로 새 출발해야 합니다.

손해 볼 줄도 알아야 합니다.
상대방의 생각이 자신의 생각보다 좋다고 생각되면 자신의 생각을 양보할뿐만 아니라 그로 인하여 생기는 손해도 감당할 수 있어야 합니다.

> "너희를 사랑해 주는 사람만 사랑한다면 무슨 상이 있겠느냐? 세리라도 그 정도는 하지 않느냐? 형제에게만 인사한다면 남보다 나을 것이 무엇이겠느냐? 이방 사람도 그 정도는 하지 않느냐?" (마 5:46-47)

어르신이 되어야…

노인은 늙은 사람이고,
어르신은 존경 받는 사람입니다.

노인은 세월이 흐르니 자연히 늙는다고 생각하는 사람이고,
어르신은 자신을 가꾸고 젊어지려고 스스로 노력하는 사람입니다.

노인은 자신의 생각과 고집을 버리지 못하는 사람이고,
어르신은 타인에게 이해와 아량을 베풀 줄 아는 사람입니다.

노인은 자기 기준에 맞춰 타인을 부정적으로 평가하는 사람이고,
어르신은 좋은 덕담을 해주고, 긍정적으로 이해 해 주는 사람입니다.

노인은 간섭하고, 잘난 체 하며, 지배 하려고 하는 사람이고,
어르신은 스스로를 절제할 줄 알고, 알아도 모르는 체 겸손하며, 느긋하
게 생활하는 사람입니다.

노인은 대가代價없이 받기만을 좋아하는 사람이고,
어르신은 베풀기를 좋아하는 사람입니다.

노인은 고독하고 외로움을 많이 타는 사람이고,
어르신은 주변에 좋은 친구를 두며, 활발하게 움직이는 사람입니다.

노인은 배울 것이 없다며 자신이 최고인양 착각하는 사람이고,
어르신은 언제나 배워야 한다고 생각하는 사람입니다.

노인은 사용했던 물건이 아까워 버리지 못하는 사람이고,
어르신은 그 물건들을 재활용할 줄 아는 지혜로운 사람입니다.

노인은 공짜를 좋아하는 사람이고,
어르신은 그 대가를 꼭 지불해야 한다고 생각하는 사람입니다.

　황혼에도 열정적인 사랑을 나누었던 괴테Johann Wolfgang von Goethe(1749-
1832)는 "노인의 삶은 상실의 삶이다"라는 말을 남겼습니다. 사람은 늙어가
면서 일, 돈, 친구, 건강 그리고 꿈을 상실하며 살아가기 때문입니다. 모두
에게 다가오는 노년을 지혜롭게 준비하며 건강하고 행복한 황혼을 사는
어르신들의 세상이 되었으면 좋겠습니다.

2015년 2월

'아니 벌써'와 '드디어'의 차이

어디론가 여행을 떠나게 된 주인이 자신의 종들 중 한 사람에게 뒷일을 맡깁니다. 이제 주인의 재산 관리뿐만 아니라 종들의 운명까지도 그 종의 손에 달려있게 되었습니다. 그는 평소 주인의 눈에 들게 행동했던 것이 분명합니다.

주인은 그에게 종들을 맡기면서 특별히 "제때에 양식을 나누어주어야 한다."라고 당부했습니다. 이 주인이 종들의 처지에 깊은 관심을 가지고 있음을 짐작하게 됩니다. 주인은 종이 자기의 명령을 잘 지키면, 모든 소유를 그에게 맡기리라 마음먹었습니다. 그 종은 실로 중책을 맡은 셈입니다. 그러나 주인이 떠난 후 사태가 엉뚱하게 진행되어 갔습니다. 중책을 맡은 종은 주인이 없는 사이에, 다른 종들을 때리고 술에 취해 행패를 부리고 폭군처럼 군림했습니다.

이 종은 머릿속으로 이렇게 생각했을 것입니다. '아직 주인이 올 날은 멀었다. 그것은 누구보다도 내가 더 잘 안다. 그동안은 내 세상이다.' 그런데 이 종의 생각과는 달리 주인이 시간을 앞당겨 뜻밖의 시간에 집에 돌아왔습니다. '생각하지 않은 날 알지 못하는 시각에' 돌아온 주인이 목격한 것은, 믿었던 종의 배신입니다. 종에게 중요한 것은 '주인이 있건 없건 맡겨진 일에 최선을 다 하는 것'입니다. 주인이 보는 데서는 열심히 성실한 척하다가, 돌아서서는 다른 종들을 때리고 엉뚱한 짓을 하는 종은 어리석은 자입니다. 결국 '잠시'와 '영원'을 맞바꾼 셈이 되었습니다.

꽃도 가꾸어야 더욱 아름답습니다.

하나님께서 결정적으로 역사하시는 때는 어느 누구도 알 수 없습니다. 하나님의 때란 언제나 '갑자기' 찾아옵니다. 그런데 준비하지 않은 자에게 그 때는 갑자기이지만, 준비되어 있는 자에게는 기다리고 기다리던 반가운 순간입니다. 바로 그 점을 이 종은 깨닫지 못했습니다. '그 때'는, 준비하지 않은 자에게는 '아니 벌써'이기 때문에 허둥대는 때이지만, 준비된 자에게는 '드디어'여서 기뻐하는 때입니다. 값없이 주어진 기회를 놓치는 자가 되지 않아야겠습니다. 형편과 처지가 어떠하든 지금 이 시간을 신실하게 살아야 할 일입니다.

2012년 1월

가장 중요한 것

무엇이 스포츠에서 가장 중요할까요? 우승일까요? 기록 갱신? 명예일까요? 미국의 펜실베이니아 대학교의 팔레스트라 농구 경기장에 붙어있는 현판에는 스포츠에서 무엇이 가장 중요한 것인가에 대해 다른 관점을 제시하고 있습니다.

"중요한 것은 경기를 이기는 것이다. 더 중요한 것은 경기에 참가하는 것이다. 그러나 무엇보다 더 중요한 것은 경기를 사랑하는 것이다."

이 말은 스포츠란 결국 우리가 아이 때에 즐기던 놀이와 같은 것이라는 것을 신선하게 상기시켜 주고 있습니다.

종교지도자 한 사람이 "율법 가운데 어느 것이 가장 중요한 계명입니까?"라고 예수에게 물었습니다. 이에 예수는 그에게 "'네 마음을 다하고 네 생명을 다하고 네 뜻을 다해 주 네 하나님을 사랑하여라.' 이것이 가장 중요하고 으뜸되는 계명이다. 그리고 둘째 계명도 이와 같다. '네 이웃을 네 몸처럼 사랑하여라.'"(마 22:37-39)라고 알려 주었습니다.

내가 만일 예언하는 은사를 가지고 있고 모든 비밀과 모든 지식을 알고 또 산을 옮길 만한 믿음을 가지고 있다 할지라도 내게 사랑이 없으면 나는 아무 것도 아닙니다. 내가 만일 내가 가진 모든 것으로 남을 돕고 또 내 몸을 불사르게 내줄지라도 내게 사랑이 없으면 나는 아무 소용이 없습니다.

우리는 별로 중요하지 않은 것들에 마음을 빼앗기기가 쉽습니다. 하나님과 이웃 그리고 자연을 사랑하는 것에 우리의 초점을 맞추어야 합니다. 사랑보다 더 중요한 것은 없습니다.

가지치기

포도나무는 매년 새로 나온 가지에서 열매가 맺히는 특성이 있습니다. 그래서 농부는 봄이 오기 전에 포도나무 가지치기를 합니다. 잘라야 할 옛 가지를 과감히 잘라야만 온전한 열매가 맺히게 됩니다.

미국의 사회 심리학자 제임스 윌슨James Q. Wilson과 조지 켈링George L. Kelling이 1982년 3월에 공동 발표한 '깨진 유리창Broken Windows'이라는 연구 논문에 '깨진 유리창 이론Broken Window Theory'이라는 것이 있습니다. 아이들이 길에서 놀다가 유리창 하나를 깨뜨리고 도망칩니다. 상점 주인은 그까짓 유리창 하나쯤이야 하는 생각으로 깨진 유리창을 종이로 살짝 가려 방치해놓습니다. 얼마 후 옆 건물 유리창이 또 깨지고 벽에서는 낙서가 발견됩니다. 주차장에는 어느새 쓰레기가 쌓이기 시작하고, 점차 동네는 범죄 소굴로 변해갑니다. '깨진 유리창 이론'은 이렇듯 깨진 유리창 하나를 방치했던 탓에 엄청난 결과를 불러오는 파급효과를 보여주는 이론입니다.

1990년 뉴욕 지하철 경찰서장이었던 브래톤W. Bratton이 한해 20,000건이 넘는 지하철 범죄를 줄일 방도를 범죄 심리학자인 조지 켈링에게 묻자 조지 켈링은 '깨진 유리창 이론'을 이야기하며 "무임승차부터 단속해 보라."고 했습니다. 브래톤은 곧장 단속을 시작했습니다. 무임승차하려다 붙잡힌 사람은 7명에 한명 꼴로 수배자였고 20명중 1명은 무기를 갖고 있었습니다. 몇 년 안가 지하철 범죄는 절반으로 줄었습니다.

4년 뒤인 1994년 줄리아니Rudolph W. Giulianii 뉴욕시장은 브래톤의 공적을

높이 인정해 뉴욕 경찰국장으로 임명했습니다. 브래톤은 절망적인 뉴욕의
치안상황을 개선하기 위해 뉴욕시장과 함께 무관용Zero Tolerance을 선포했습
니다. "빨간 불일 때 길을 건너는 사람을 막을 수 없다면 강도도 막을 수
없다."라며 "가벼운 범죄라도 용납하지 않겠다."는 정책이었습니다. 일부
사람들은 비웃기도 하고, 어떤 사람들은 무관심하기도 했습니다. 그러나 결
국 뉴욕은 살기 좋은 도시로 다시 태어났습니다.

  음주, 구걸, 노상방뇨, 윤락 등 경범죄 단속의 효과는 엄청났습니다. 연
간 2,200건에 이르는 살인범죄가 1,000건 이상 감소했습니다. 이렇듯 '깨진
유리창 이론'은 하찮아 보이는 작은 것이 큰 변화를 일으킬 수 있음을 잘
말해줍니다.

  이런 가지치기는 우리의 삶에도 필요합니다. 사도 바울은 예수를 만난
후 자기 삶에 과감한 가지치기를 단행합니다. 바울은 율법과 세상지식에서
나오는 인간의 욕심과 악을 보았기에, 유대인의 전통, 율법지식, 가말리엘
문하생이 가지는 학문적 자존심, 세상적인 부富를 과감히 가지치기하였습
니다.

2013년 2월

참고

"기초질서는 사회 안전의 첫 단추" 김경철 파주경찰서 생활질서계 경기일보 2008년 04월
15일자

악을 선으로 바꾸시는 자

젊은 선원 에드몽 당테스는 동료의 시기와 배신으로 억울한 감옥살이를 합니다. 오랜 수감생활 중 극적으로 탈옥한 그는 몬테 크리스트 백작이 되어 장렬한 복수극을 펼칩니다. 이것은 프랑스의 알렉산드로 듀마Alexandre Dumas Père(1802~1870)의 작품 『몬테 크리스트 백작』의 내용입니다. 이 작품은 영화로, 뮤지컬로 만들어져 많은 사람들의 박수를 받았습니다. 억울한 주인공의 통쾌한 복수가 사람들의 마음을 움직인 것입니다.

그러나 그보다 훨씬 더 극적인 이야기가 구약성경 창세기에 있습니다. 요셉은 야곱이 노년에 낳은 특별한 아들이지만, 형들의 미움을 받아 이집트에 종으로 팔려갑니다. 심지어 그곳에서 억울하게 죄수가 되는 고난도 겪습니다. 그러나 요셉은 후에 이집트의 총리라는 왕 다음 가는 높은 자리에 오릅니다. 그는 온 세상의 흉년을 지혜롭게 예비합니다. 무엇보다 중요한 대목은 자신을 팔아넘긴 형들을 기꺼이 용서하고 마침내 아버지 야곱과 형제들을 모두 불러 이집트에 새로운 삶의 터전을 마련해주었다는 사실입니다. 얼마 후 아버지 야곱이 죽었을 때, 형들은 두려워 요셉 앞에 엎드려 빌었습니다.

　　"우리는 아우님의 종입니다."　　　　　　　　　　　　　　(창 50:18)

요셉은 간곡하고 부드러운 말로 겁먹은 형들을 위로합니다.

　　"형님들은 저를 헤치려고 악을 꾀했지만 하나님은 지금 보시는 것처럼 그것을 선하게 바꾸셔서 오늘날 많은 사람들의 생명을 구하셨습니다. 그러니 두려워하지 마십시오. 제가 형님들과 형님들의 자식들을 기르겠습니다."

(창 50:20-21)

성서의 일관된 사상은 원수를 갚는 일은 사람이 아니라 하나님의 일이라는 것입니다. "우리가 우리에게 죄지은 자를 용서한 것같이 우리 죄도 용서해 주소서."(마 6:12) 예수도 기도를 가르쳐줄 때 용서를 강조하였습니다. 나를 괴롭힌 사람에 대한 최고의 보응은 용서하는 일입니다.

2013년 3월

사람을 살리는 말[言]

세 치 혀로 사람을 살릴 수도 있고 죽일 수도 있다고 합니다. 그만큼 말의 영향력이 크다는 것입니다. 그러기에 사람을 살리는 말을 해야만 합니다. 험담險談은 세 사람을 죽일 수 있다고 합니다.

험담하는 사람 자신이 죽습니다.
당장 험담은 사람들의 주목을 끄는 것 같지만, 결국 사람들의 외면을 받게 됩니다.

험담의 대상이 되는 사람이 죽습니다.
내용의 사실 여부를 떠나 험담의 대상이 된 사람은 상처를 입고 경우에 따라서는 치명적이게 됩니다.

험담을 듣는 사람이 죽습니다.
험담은 험담을 듣는 사람의 영혼을 병들게 하고 인간관계를 파괴시킵니다. 오늘날 말의 오염이 매우 심각한 것을 봅니다. 언어폭력에 시달리다 자살까지 하는 사람들의 소식은 우리를 슬프게 합니다.

> "형제에게 분노하는 사람도 심판을 받게 될 것이다. 또 형제에게 '라가'라고 하는 사람도 공회에서 심문을 당할 것이다. 그리고 '너는 바보다'하는 사람은 누구든지 지옥 불 속에 떨어질 것이다."   (마 5:22)

---

* 라가는 아람어로 욕하는 말입니다.

꽃도 가꾸어야 더욱 아름답습니다.

　우리는 많은 말을 하며 살고 있습니다. 나 아닌 이웃들에게 상처를 주는 말도 많이 했을 것입니다. 사람들에게 상처를 주고 아픔을 안기는 험담이 아닌, 고래도 춤을 추게 하는 칭찬과 격려의 말을 하며 살았으면 좋겠습니다.

2013년 5월

요셉의 아들이 아닌가?

1775년 어느 날, 미국의 볼티모어 시의 가장 큰 호텔에 한 손님이 찾아왔습니다. 그런데 농부의 차림새를 하고 온 손님의 투숙을 호텔 매니저가 호텔의 품위를 생각해서 거절했습니다. 그 손님은 아무 말 없이 그곳을 나와 다른 호텔에 방을 얻었습니다. 그런데 나중에 알고 보니 그 손님은 바로 당시 미국의 부통령으로서 전 국민의 존경을 받는 토마스 제퍼슨이었습니다. 당황한 큰 호텔의 매니저는 서둘러 사람을 보내어 자기 호텔로 정중히 모시겠다고 간청을 했지만, 제퍼슨 부통령은 전령에게 다음과 같은 말을 전했습니다.

"당신의 매니저에게 내가 방을 얻었다고 전해주시오. 그리고 그 호의에도 내가 감사한다고 말해주시오. 또한 미국의 먼지 묻은 한 농부에게 방을 줄 수 없는 호텔이라면 미국의 부통령도 유숙시킬 수 없는 호텔일 것이라고 전해주시오."

공생애를 시작한 예수는 갈릴리의 여러 회당을 거쳐 고향 나사렛에 이릅니다. 안식일이 되자 회당에 들어가 이사야 61장 1절 이하의 말씀을 찾아 읽고는 "오늘 이 말씀이 너희가 듣는 자리에서 이루어졌다."(눅 4:21)라고 선포합니다. 이 선포는 본인이 모든 사람에게 은혜를 베풀기 위해 온 메시야임을 밝히는 선언입니다. 극구 숨기던 자신의 메시야 됨을 고향에서는 주저 없이 공개하였던 것입니다. 하지만 고향 사람들은 "저 사람은 요셉의 아들이 아닌가?"라고 말하면서 예수를 메시야로 받아들이지 않습니다. 저들은 '요셉의 아들'이 무슨 일을 할 수 있겠느냐? 며 무시하며 잘못된 편견에 젖어있었던 것입니다.

　살아가면서 출신, 경력, 직업, 지위와 같은 사회적 인식으로 사람을 판단하는 자는 분명 볼티모어 시의 한 호텔의 매니저와 같이 행동할 것입니다. 이런 사람은 인간의 몸을 입고 마구간의 구유에 온 볼품없는 메시아를 알아보지 못할 뿐만 아니라, 주린 자, 목마른 자, 나그네 된 자, 헐벗은 자, 병든 자, 옥에 갇힌 자들 속에 있는 메시야를 알아보지 못할 것입니다.

2013년 9월

우리의 삶을 살펴보니…

오늘날 150여개 나라에서 활발하게 활동하고 있는 "국제교도소선교회"를 설립하고 『백악관에서 감옥까지-Born Again-거듭남』(찰스 콜슨 저, 양혜원 역, 홍성사, 2003년)라는 책을 쓴 찰스 콜슨Charles W. Colson은 재소자들이 그리스도교의 복음을 듣고 이해하도록 도와주는 일에 40여년을 바쳤습니다. 그런데, 그가 2012년 4월 21일에 죽었을 때, "닉슨의 비열한 책략가 찰스 콜슨, 80세로 사망."이라는 제목의 기사가 어느 신문에 실렸었답니다. 믿음으로 새롭게 변화된 사람에 대해 예수를 영접하기 수십 년 전 대통령 보좌관으로서 행했던 무자비한 정치 행적의 삶만을 소개하며 기억하고 있었다는 사실에 놀라지 않을 수 없습니다.

바울의 회심과 예수에 관한 바울의 초기의 증언도 사람들에게 의심과 두려움으로 받아들여졌습니다. 바울이 '예수는 하나님의 아들이다.'라고 전도하기 시작했을 때 사람들은 "이 사람은 이 예루살렘에서 예수 이름을 부르는 사람들에게 해를 입히던 사람이 아닌가? 또 그가 여기 온 것도 그들을 잡아 대 제사장들에게 끌고 가려던 것이 아닌가?"(행 9:21)라고 말했습니다. 나중에 바울이 예루살렘으로 가서 다른 제자들과 합류하려 했을 때도 그들은 바울을 두려워했습니다. 훗날 바울은 그의 과거를 결코 감추려 하지 않고 오히려 그것을 하나님의 은혜를 나타내는 증거로 말하였습니다.

우리는 바울처럼 실패를 자랑스럽게 내세울 필요도, 그런 일이 없었던 것처럼 위장할 필요도 없습니다. 그 대신 하나님의 은총으로 과거는 용서

161

꽃도 가꾸어야 더욱 아름답습니다.

받았고, 현재는 변했으며, 미래엔 희망이 있기에 감사하며 살아가야 하겠습니다.

2013년 12월

참고 ────────────────

CBS 헬로QT [오늘의 양식] 2013년 10월 13일자

한 소녀가 산길을 걷다가…

한 소녀가 산길을 걷다가 나비 한 마리가 거미줄에 걸려 버둥대는 것을 발견했습니다. 소녀는 가시덤불을 제치고 들어가 거미줄에 걸려있는 나비를 구해 주었습니다.

나비는 춤을 추듯 훨훨 날아갔지만 소녀의 팔과 다리는 가시에 찔려 붉은 피가 흘러내렸습니다. 그 때 멀리 날아간 줄 알았던 나비가 돌아와 순식간에 천사로 변하더니 소녀에게 다가왔습니다. 천사는 '구해 준 은혜에 감사하다.'면서 무슨 소원이든 한 가지를 들어 주겠다고 했습니다.

소녀는 말했습니다.

"이 세상에서 가장 행복한 사람이 되게 해 주세요."

그러자 천사는 소녀의 귀에 무슨 말인가 소곤거리고는 사라져 버렸습니다. 소녀는 자라서 어른이 되고, 결혼을 해서 엄마가 되고, 할머니가 될 때까지 늘 행복하게 살았습니다. 그녀의 곁에는 언제나 좋은 사람들이 있었고, 행복하게 살아가는 그녀를 사람들은 부러운 눈빛으로 우러러 보았습니다.

세월이 흘러 예쁜 소녀는 백발의 할머니가 되어 임종을 눈앞에 두게 되었습니다. 사람들은 입을 모아 할머니가 죽기 전에 평생 행복하게 살 수 있었던 비결이 무엇인지를 물었습니다.

할머니는 웃으시며 다음과 같이 대답했습니다.

"내가 소녀였을 때 나비 천사를 구해 준적이 있지, 그 대가로 천사는 나를 평생 행복한 사람이 되게 해 주었어. 그때 천사가 내게 다가오더니 내 귀에 이렇게 속삭이는 거야."

"구해주셔서 고마워요. 소원을 들어 드릴께요. '무슨 일을 당하든지 감사하다.'라고 말하세요. 그러면 평생 행복하게 될 거에요."

"그때부터 무슨 일이든지 '감사하다.'고 중얼거렸더니 정말 평생 행복했던 거야 사실은 천사가 내 소원을 들어준 것이 아니야. 누구든지 주어진 일에 만족할 줄 알고 모든 일에 감사하면 하늘에서 우리에게 행복을 주시지."

2014년 8월

참고 ―――――――――――――――――
사랑밭 새벽편지 2014년 07월 30일자

꿈으로도 말씀하시는 분

성공회의 샌포드John A. Sanford 신부는 많은 사람들을 상담하며, 그들의 꿈을 신앙적으로 해석하도록 도와준 경험을 『꿈-하나님의 잊혀진 언어』(존 A. 샌포드 지음, 정태기 번역, 대한기독교서회, 1988)라는 책에서 소개했습니다.

그는 "하나님은 꿈으로 말씀하시는데, 우리는 너무나 자주 그 꿈을 던져 버리고, 무시하며, 거부하고 두려워한다."고 지적하며, 우리를 온전케 하시는 하나님의 음성의 하나인 꿈에 귀를 기울여야 한다고 조언합니다.

성경에는, 하나님께서 많은 사람들에게 꿈으로 당신의 뜻을 나타내셨다는 이야기가 기록되어 있습니다. 하늘까지 닿아 있는 사다리를 보았던 야곱, '꿈꾸는 자'라는 별명을 가졌던 요셉, 꿈에 헤롯에게로 돌아가지 말라고 지시받고 고향으로 돌아간 동방박사들, 그리고 꿈에 헤롯이 아기를 죽이려고 찾고 있으니 아기 예수와 그 어머니를 데리고 이집트로 피신하라는 말을 듣고 이집트로 피신한 요셉…. 이외에도 많은 사람들이 꿈에서 하나님의 음성을 들었습니다.

다윗 다음으로 왕이 된 솔로몬 왕은 소 일천 마리를 번제로 드리고, 꿈에서 하나님께 응답을 받습니다. 하나님은 솔로몬이 구하는 지혜는 물론이거니와 부富와 영광을 더하여 주셨습니다.

여기까지는 길몽吉夢입니다. 하지만 그것이 '다多'가 아닙니다.

하나님은 솔로몬에게 단서를 붙여 경고도 하십니다.

꽃도 가꾸어야 더욱 아름답습니다.

"네가 만약 네 아버지 다윗이 한 것처럼 내 길을 걷고 내 규례와 명령을 지키면 네가 장수하게 될 것이다." (왕상 3:14)

꿈으로도 말씀하시는 하나님의 음성을 바르게 듣고 볼 수 있도록 노력해야 할 일입니다.

2014년 11월

참고 —————————————————

CBS 헬로QT 2014년 8월 27일자

지공선사地公禪師

우리나라 정부에서는 지하철 경로석에 앉아서 지긋이 눈감고 참선參禪하라고 만 65세가 되면, 남녀, 학벌, 경력, 재산의 구분이 없이 '지공선사地公禪師'의 자격증을 줍니다. 여자의 경우는 '지공여사'라고 부릅니다. 지공선사로 지내다보니 지켜야 할 수칙이 필요하다고 생각하던 중 아래와 같은 수칙을 발견하고 좋아하는 지공선사는 저 뿐만이 아니라고 생각해 봅니다.

출·퇴근 시에는 타지마라.

할 일 없이 지하철 타지마라. 출·퇴근 시간에 비좁은 지하철에서 지공선사를 보면 젊은이들이 속으로 빨리 죽으라고 저주하며, 지하철 공짜로 태워주는 정부의 정책을 질책하게 된다.

지공선사의 지정석은 경로석이다.

경로석이 비어 있는데도 젊은이 자리에 앉으면 젊은이들이 화를 낸다. 젊은이 앞에 서 있지 마라. 젊은이가 자리를 양보해야 하니, 곧 내릴 것처럼 문 앞에 서 있거나 경로석 앞에 서 있는 것이 도리이다.

눈을 감고 앉아 참선해야 한다.

눈 감으면 도道를 닦는 것처럼 보이고 참선하는 것으로 인정받아, 지공선사의 진짜 모습으로 위장된다. 또한 핸드폰은 진동으로 조정하는 것은 기본이다.

꽃도 가꾸어야 더욱 아름답습니다.

선배로 보이는 지공선사가 나타나면 벌떡 일어나야 한다.

본인보다 더 나이 들어 보이는 선사가 서 있는지 수시로 살피다가 지공여사나, 선배로 보이는 선사가 나타나면 자리를 양보하는 것이 기본 에티켓etiquette이다.

깨끗한 옷차림으로 단정해야 한다.

늙으면 추해지고 냄새 나고 꼰대 티가 나기에 젊은이들이 싫어한다. 외모에 신경 써야 대우받는다.

정치 이야기는 하지 말고, 큰 소리로 떠들지 마라.

큰 소리로 떠들지 마라. 흘러간 지식과 경험은 남이 알아주지도 않는다.

경로석에서 다리를 벌리고 넓게 앉지 마라.

다리를 넓게 벌리고 앉거나, 두 자리를 혼자 차지하여 넓게 앉지 말아야 한다. 특히 여름에 멀리 간다고 신발 또는 양말을 벗는 일은 없어야 한다.

경로석에 앉은 젊은이를 혼내지 마라.

나이 많은 것이 계급도 아니고, 공짜로 타는 주제에 피곤한 젊은이가 경로석에 좀 앉아 있다고 해서 훈계하지 마라.

능력 있으면 돈 내고 타라.

재력이 있다거나 사회에 보탬을 주고 싶으면, 아직은 돈 내고 타고 다닐 만 하다고 생각하며 수익자 부담 원칙을 지키라.

2016년 8월

168

영원한 가치를 향해

최근 여론조사의 한 조사에 의하면 한국인이 가장 좋아하는 작가 중 하나로 일본작가 무라카미 하루키村上春樹(1949-)가 여전히 손꼽힌다 합니다. 그의 대표작은 『상실의 시대』입니다. 소설 속에서 등장인물들은 사랑과 위로를 찾습니다. 이 사람을 만나고 저 사람을 만납니다. 그러나 공허합니다. 그러다 결국 깨닫게 되는 것은 자신이 철저히 혼자이고 고독한 존재이며, 자신뿐 아니라 모두가 그렇다는 사실입니다. 소설을 읽다 보면 모두가 고독하게 살다 고독하게 죽으니 허무하구나, 그렇게 느껴집니다. 허무함에 21세기 대다수의 한국인이 '공감'을 표명한다는 사실, 의미심장하지 않을 수 없습니다. 죽음이 있다는 이유만으로 우리가 허무함을 느끼는 것일까요?

사도바울은 허무와 절망과 죽음에 대하여 "어리석은 사람이여, 당신이 뿌리는 씨가 죽지 않고서는 살아날 수 없습니다."(고전 15:36)라고 이야기합니다. 그리스도인이란 자신이 언젠간 죽게 되는 유한한 존재, 죽을 수밖에 없는 인간이라는 사실을 알고, 그 유한함 속에서 영원을 추구하는 사람들입니다. 그리스도인은 믿음으로 죽음을 '넘어' 영원한 세계를 바라봅니다. '죽음 넘어'에 영원한 세계가 있습니다.

죽음을 생각할 때 허무함을 느끼지 않기를 바랍니다. 죽음이 허무한 느낌을 불러오는 게 아니라 죽음 너머에 이 세상과는 다른 세계가 있음을 모를 때 허무하다 느껴지는 것입니다. 우리가 스스로 유한한 존재임을 인

꽃도 가꾸어야 더욱 아름답습니다.

정하고 '죽음 넘어'에 있는 새로운 세계를 바라보면 우리는 마지막 순간까지 희망적인 삶을 살아가게 될 것입니다.

2014년 12월

참고 ────────────
CBS 헬로QT 2014년 10월 20일자

4×8=31입니다

공자孔子의 제자 중의 하나인 안회顔回가 스승 공자의 심부름으로 시장에 들렀는데, 한 포목점 앞에 많은 사람들이 모여 있고 시끄럽기에 무슨 일인 가 해서 다가가 알아보니, 가게주인과 손님이 시비가 붙은 것이었습니다.

포목 사러온 손님이 큰 소리로,

"4×8=31인데 당신이 왜 나한테 32전錢을 요구하느냐 말이야" 안회는 이 말을 듣자마자 그 사람에게 정중히 인사를 한 후, "4×8=32인데 왜 31입니까? 당신이 잘못 계산을 한 것입니다."

포목 사러온 사람은 안회를 가리키면서,

"누가 너더러 나와서 따지라고 했느냐? 도리를 평가 하려거든 공자님을 찾아야지. 그 양반만이 옳고 틀림에 대한 정확한 판단을 내릴 수가 있다!"

"좋습니다. 그럼 만약 공자께서 당신이 졌다고 하시면 어떻게 할거요?"

"그러면 내 목을 내 놓을 것이다. 그런데 너는…?"

"제가 틀리면 관冠을 내 놓겠습니다!"

두 사람이 내기를 걸고는 공자를 찾아갔습니다.

공자는 이야기 전말을 다 듣고 나서 안회에게 웃으면서

"네가 졌으니 이 사람에게 관을 벗어 내 주거라."

안회는 순순히 관을 벗어 포목 사러온 사람에게 주었습니다. 그 사람은 의기양양하게 관을 받고 돌아갔습니다.

후에 공자가 안회에게 말했습니다.

"내가 4×8=31이 맞는다고 하면 너는 지게 되어 그저 관 하나 내준 것뿐이 지만, 만약에 내가 4×8=32가 맞는다고 한다면 그 사람은 목숨 하나를 내

꽃도 가꾸어야 더욱 아름답습니다.

놓아야 하지 않겠는가? 관이 더 중요하더냐? 사람 목숨이 더 중요하더냐?"

우리가 하나님 앞에 가서 "왜 '4×8=31'이라고 하는 사람과 다투었느냐?"고 하나님이 물으실 때 "하나님, 4×8=32이잖아요?"라고 한다면 세상에서 짧은 생각을 가지고 살았다며 곤장을 열 대쯤 맞을지도 모릅니다.

참고 ────────────────
갓피플 묵상편지 2014년 03월 21일자

172

휴식과 안식

노동과 스포츠의 차이는 무엇이라고 생각하시나요? 돈을 받으면서 하면 노동이고, 돈을 내면서 하면 스포츠라고 한답니다. 또는 늘 사용하는 근육만을 사용하면 노동이고, 사용하지 않던 근육을 사용하면 스포츠라고 한답니다.

세계적인 골프 선수인 박세리가 긴 스럼프slump에서 벗어난 후에 한 이야기랍니다. "지금의 나를 있게 하신 분은 바로 우리 아버지 이십니다. 거의 대부분 많은 것을 아버지에게서 배웠는데 배우지 못한 것 하나가 있습니다. 바로 휴식하는 법을 배우지 못했습니다. 휴식하는 법은 누구에게서 배울 수 있는 것이 아닌 것 같습니다. 스스로 배우고 터득해야 하는 것입니다."

고속도로를 달리다가 자동차에 기름이 떨어지거나, 고장이 나면 멈추게 됩니다. 문제가 생겨 멈추기 전에 휴게소에 들려 쉴 줄 알아야 합니다. 휴게소에서 쉬면서 정비도 하고 기름도 넣고 해야 목적지까지 안전하게 무사히 갈 수 있습니다.

하루 종일 두 농부가 밭에서 밀을 베고 있었습니다. 한 농부는 종종 쉬면서 밀을 베었고, 한 농부는 쉬지 않고 계속 밀을 베었습니다. 첫 번째 농부는 저녁이 다 될 때까지 밀을 베었으나 두 번째 농부는 중간에 포기했습니다. 첫 번째 농부는 중간 중간 쉬면서 낫의 날도 갈고, 먹을 것도 먹고 마실 것도 마시면서 일을 마칠 때까지 지치지 않은 상태의 몸을 유지했으나 두 번째 농부는 쉬지 않고 계속 일을 하다 보니 낫의 날이 무디어질 뿐 만 아니라 몸도 지쳐 일을 더 이상 할 수 없어서 중간에 포기했답니다.

적절한 휴식은 생산성 향상의 지름길입니다. 휴식의 의미를 아는 이들에게는 실패의 확률이 지극히 낮습니다. 자신을 몰아붙이는 사람치고 행복한 사람은 많지 않습니다. 편안한 쉼을 통해서 몸과 마음의 제 기능을 회복시켜야 할 것입니다. 우리는 단순한 휴식을 넘어서서 안식의 시간을 가져야 합니다. 어떤 사람에게는 휴식이 등산이 될 수도 있고 독서가 될 수도 있고 명상이 될 수도 있는가 하면 육체적인 노동이 휴식이 될 수도 있습니다.

휴식과 안식은 같은 의미 같지만 차이가 있습니다. 요즘 전자제품에는 충전하는 기능이 있습니다. 제품을 쓰지 않을 때는 단순한 휴식이지만 충전하고 있을 때는 안식과 재충전의 시간인 것입니다. 안식 속에는 휴식이 포함되어 있고, 섬기는 일이나 봉사의 일도 포함될 수 있다 하겠습니다.

2011년 8월

174

이야기 다섯

그래, 딱 사흘간이다

이야기 다섯

그래, 딱 사흘간이다

소유에서 소통으로

성경에 달란트* 비유가 있습니다. 그 비유에 나오는 종의 모습에서 우리의 삶을 살펴보고자 합니다.

인생은 후불제입니다.

요금이 싼 버스는 선불제이지만, 요금이 비싼 택시는 후불제입니다. 고속도로도 옛날에는 선불제이었지만 지금은 후불제입니다. 인생은 세상에 무료로 빈손으로 입장하지만 세상을 퇴장할 때에는 결산을 보아야하는 후불제입니다.

인생은 소유와 소통의 개념으로 말할 수 있습니다.

재물을 소유하는 자는 악하고 게으른 종이 되었고, 재물을 소통하는 자는 착하고 신실한 종이 되었습니다. 소통의 과정에서 남에게 도움도 주었을 것입니다. 소통의 과정은 남도 살리고 자기도 잘되는 모습을 봅니다.

인생은 태도/자세/생각대로 삽니다.

악하고 게으른 종은 부정적인 생각을 가지고, 주인도 못 믿고 자신도 못 믿었습니다. 그러나 착하고 신실한 종은 긍정적인 생각을 가지고, 부족한데도 믿어주어서 고맙다 생각하며 최선을 다하였습니다.

부정적인 생각은 부정적인 생각을 낳고, 긍정적인 생각은 긍정적인 생각

---

* 성경의 달란트는 유대의 무게 단위 또는 유대의 화폐 단위이다. 성경에는 화폐 단위로 많이 나온다. 무게 단위로 1달란트는 34kg이며, 화폐단위로 1달란트는 6,000데나리온으로 아주 많은 액수이다.(예수 당시 1데나리온은 한 노동자의 하루 품삯이다.)

을 낳습니다.

인생은 유통/유효/활용 기간이 있습니다.

모든 물건에는 유통/유효 기간이 있습니다. 인생도 사용 가능Use이냐 분실Lose이냐 입니다. 우리의 삶도 유효 기간 내에 잘 사용해야 합니다. 쓰지 않으면 없어지는 것이 인생입니다.

시간Time, 재능Talent, 보물Treasure도 쓰든지 없어지든지 하는 것들입니다.

인생은 있는 자에게 더하여 줍니다.

일터에서 사람을 구할 때 가능한 한 실업자를 선택하려 하지 않는답니다. 가능한 한 열심히 일하는 자를 스카우트하여 쓰려고 합니다. 작은 일에 신실하면 더 큰 일을 맡깁니다.

2014년 12월

공짜는 없습니다

옛날, 백성을 지극히 사랑하는 한 임금이 있었습니다. 왕은 어느 날 현자들에게 만백성들이 귀감으로 삼을 만한 금과옥조를 모아 책을 만들어보라는 명령을 내렸습니다. 수백 명의 현자들은 동서고금의 좋은 말씀들을 모아 12권의 책을 완성해 왕에게 바쳤습니다. 책을 받아본 왕은 생업에 바쁜 백성들이 언제 이렇게 많은 분량의 책을 읽느냐면서 책을 줄이라고 했습니다. 현자들이 줄이고 줄여 한권의 책으로 완성하자 임금은 백성들이 알아듣기 쉽게 간단한 말로 요약하라는 명령을 내렸습니다. 다시 몇 달을 숙의한 현자들이 내놓은 결론은 너무나 평범했습니다. '세상에 공짜는 없다.'라는 말로 요약되었다고 합니다. 동서고금東西古今의 그 많은 성현 군자들이 이 간단한 이치 하나를 가르치기 위해 수많은 미사여구美辭麗句를 동원했던 것입니다.

'공짜는 없다.'란 이치는 누구나 잘 알고 있으면서도 쉽게 망각합니다. 불로소득不勞所得은 없습니다. 유럽 속담에 "공짜는 쥐덫에 놓인 치즈뿐이다."란 말이 있습니다. 공짜는 미끼일 뿐입니다. 한쪽은 주기만 하고, 다른 한쪽은 받기만 하면 어떠한 관계도 오래 지속될 수 없습니다. 그래서 우리 선조들은 상부상조로 '품앗이'나 '두레'라는 상생 협력체 공동생활의 슬기를 익혀 왔습니다.

삶이란 꽃이 아름답게 피어나기 위해서는 반드시 노력이라는 거름이 있어야만 합니다. 만일 우리가 소중한 것을 갖고자 하고, 성공하길 원한다면 피나는 '땀과 노력'이 눈물이 날 만큼 각자에게서 빠져나가야 합니다. 공짜를 바라기 때문에 아프고, 서럽고, 힘겨운 건 아닌지….

인생을 살아오면서 그동안 깨달은 점은 하나님도 절대로 공짜가 없다는 것입니다. 물론 이 공짜란 말이 무엇을 바치고, 꼭 무엇을 드려야 한다는 의미는 아닙니다. 세상에 공짜는 없습니다. 무엇인가를 받았다면 그것은 누군가에게 갚아야 할 빚입니다. 심는 대로 거두는 것이 자연의 섭리요 세상의 이치입니다.

사족을 하나 더 붙인다면 내가 심는 것 내가 거두지 못할 수도 있다는 것입니다. 다시 말하면 내가 심지 않았는데도 내가 거둘 수도 있다는 것입니다. 그러기에 내가 거두지는 못할지언정 누군가는 그 열매를 거둔다는 희망을 가지고 좋은 씨앗을 뿌려야합니다. 또한 지금 내가 거두는 열매는 나 아닌 그 누군가 씨앗을 뿌렸기에 그 열매를 맛본다는 사실도 알고 감사하며 살아가야 하겠습니다.

2015년 1월

참고 ────────────
"세상에 공짜는 없다" 마승열 편집국장, 가톨릭신문 2011년 8월 21일자

회복의 지름길은 감사입니다

이○○ 님이 어려운 수술을 받고 이렇게 빨리 회복되어가는 모습을 보게 되어 쾌유快癒를 빌며 감사드립니다.

착한 사람한테 병이 오는 것 같습니다.
특별히 암癌의 경우는 더욱 착한 사람에게 오는 것 같습니다.

수술을 했다니 다행입니다.
수술도 못하는 환자의 경우도 많은데 수술을 했다니 다행입니다.

사명이 있는 자는 결코 하늘나라에서 초대하지 않는답니다.
삶의 의지가 치유를 좌우합니다. 힘내시기 바랍니다.

늘 기뻐하며 감사하십시오.
행복하기에 기뻐하고 감사하며 웃는 것이 아니라, 기뻐하며 감사하고 웃으며 살기에 행복한 삶을 살 수 있는 것입니다.

포기하지 마십시오.
포기하면 방법이 없습니다.

감사가 몸과 마음의 병을 회복시키는 지름길입니다.

2015년 2월

181

꽃도 가꾸어야 더욱 아름답습니다.

기뻐하며 삽시다

저는 선배님을 각각 한 분씩 모시고 연속 2일간을 국립중앙박물관에서 전시되고 있는 "폼페이Pompeii"전展에 다녀왔습니다. 그래서 전 "폼페이"전을 연속 2번이나 관람하는 영광(?)을 누렸습니다.

'폼페이'전과 박물관을 관람하며 느낀 소감의 하나는 고대인들도 죽음 이후 부활을 기원하며 살았더라는 것입니다.

1. 박물관 전시실에는 장례 문화를 보여주는 유물 중에 가야시대 시신의 입에 매미 형태의 조형물이 놓여 있었습니다. 매미는 번데기에서 허물을 벗고 매미로 태어나는데 이 모습에서 부활을 상상하고 사람도 죽음 이후 매미처럼 부활하기를 기원했답니다.

2. "폼페이"전에는 꽈리를 튼 뱀 형태의 금팔찌가 전시되어 있었습니다. 고대인들은 뱀을 좋아하며 숭배했었답니다.
뱀은 알을 많이 낳기에 뱀에게서 다산多産을 찾았답니다.
뱀의 머리 모양이 남근과 같아서, 힘의 상징으로 보았답니다.
뱀은 겨울잠을 자며 허물을 벗기도 하기에, 뱀에게서 부활을 보았답니다.

예수는 제자들에게 자신의 죽음과 부활을 이야기하며, 부활 이후 새로운 '그날'이 오면 어떻게 믿음을 지켜나가는 것이 좋을지에 관하여 이야기해 주었습니다.

'그날'이 이르면 제자들은 더 이상 예수에게 직접 질문할 수도 없고 질문할 필요도 없을 것입니다. 다만 제자들은 '그날'에 기쁨이 충만해질 것입니다. 이것이 '그날'에 대한 예수의 약속입니다.

우리는 과거의 일들에 대해서 제대로 알지 못하고, 현재의 내 행동이 미래에 어떤 영향을 미칠지에 대해서도 온전히 예측하지도 못합니다. 그리고 앞으로 우연히 일어날 일들에 대해서는 물론이거니와, 잠깐 뒤에 일어날 일에 대해서도 전혀 알지 못합니다. 그럼에도 불구하고 우리는 뭔가를 다 알고 있는 것처럼 '아는 체'합니다.

예수의 죽음은 제자들에게는 큰 슬픔이고 마지막 작별을 의미합니다. 하지만 예수는 '그날'의 기쁨을 약속해 주었습니다. "너희는 울며 애통할 것이나 세상은 기뻐할 것이다. 너희가 슬퍼하게 될 것이나 너희의 슬픔은 기쁨으로 변할 것이다."(요 16:20). 이것이 바로 예수와 제자들의 이별이 품은 깊은 의미입니다. 예수가 약속한 '그날'에는 이렇듯 역설적인 의미가 들어있습니다.

고대로부터 모든 사람들이 부활을 원하고 원하였지만 예수는 부활의 첫 열매요, 부활의 완성자입니다. 우리는 예수의 부활과 재림의 '그날'을 기다리며 항상 기뻐하며 살아가야 하겠습니다.

2015년 4월

참고 ─────────────
'로마제국의 도시문화와 폼페이' 전展은 국립중앙박물 기획전시실에서 2014년 12월 9일-2015년 4월 5일에 열렸습니다.
CBS 헬로QT [가정예배] 2014년 1월 1일자

꽃도 가꾸어야 더욱 아름답습니다.

이미_{already}와 아직_{not yet} 사이

'예수 천당! 불신 지옥!'이라고 길거리에서 외치는 사람을 종종 볼 수 있었습니다. 이 표어에서 죽음 이후에 천당 또는 지옥에 가게 된다는 의미를 찾을 수 있는 것처럼 많은 사람들이 천국이나 지옥은 죽어서나 갈수 있는 곳으로 생각들을 합니다. 그런데 예수는 "내 말을 듣고 또 나 보내신 이를 믿는 자는 영생을 얻었고"(요 5:24 개역개정)라고 이야기합니다. '얻었고(과거형)'라고 표현함으로 '이미_{already}' 우리에게 영생이 주어졌음을 이야기하고 있습니다. 그뿐만 아니라 심판을 받지 않는다고 이야기합니다. 참으로 놀라운 말입니다.

흔히 누구나 죽으면 심판대 앞에 서게 되리라 생각합니다. 사도 바울 당시에도 많은 사람들이 그렇게 생각했습니다.

그런데 예수는 당신을 믿는 사람은 이미 영생을 이미 '얻었고', 심판에 이르지 아니할 것이라고 말합니다. 이러한 종말론을 사도 요한의 독특한 신학 중의 하나인 '실현實現된 종말론終末論'이라고 합니다.

생명의 빵인 예수에게 오는 사람은 결코 배고프지 않으며, 생수의 샘물인 예수로 하여금 영원히 목마르지 않음을 경험합니다. 이것이 바로 이 땅에서 영생의 삶, 구원의 삶을 살아가는 신앙인의 모습입니다.

그러나 이 땅에서의 영생이 완전한 구원을 의미하는 것은 아닙니다. 믿음으로 우리는 영생을 얻었지만 '아직_{not yet}' 완성되지는 않았습니다. 우리는 '이미'와 '아직' 사이에 있습니다.

그러하기에, 앞당겨 영생을 맛보며 감사하며 기쁨의 삶을 살아가야겠지만, 구원의 완성을 향해 나아가는 매일 매일 복된 삶을 살아가야 할 것입니다.

2015년 5월

참고 ————————————————
CBS 헬로QT [가정예배] 2015년 3월 4일자

섬기는 자로 너희 중에 있노라

어느 공처가의 항변

어떤 공처가의 집에 친구가 놀러 갔다.
공처가가 앞치마를 빨고 있자 이를 본 친구가
혀를 끌끌 차며 참견했다.

"한심하구먼. 마누라 앞치마나 빨고 있으니. 쯧쯧쯧."

이 말을 들은 공처가가 버럭 화를 내며 말했다.

"말조심하게. 내가 어디 마누라 앞치마나
빨 사람으로 보이나?

이거 내 거야!"   −재미있고 신나는 웃음백서/ 강서영 정리,
『사랑밭 새벽편지』 2015년 5월 23일자−

예수는 그의 제자들의 발을 씻기지 않아도 되었지만, 제자들의 발을 씻기고 수건으로 닦아 주었습니다. 그 일을 하는 종이 따로 있었음에도 예수는 제자들을 섬기기로 하였습니다.

사회는 우리로 하여금 "남보다 잘난 사람"이 되기 위한 목표를 세우도록 강요합니다. 우리는 월급이 많은 직업과 회사에서의 높은 자리, 최고 리더의 위치를 원합니다. 그렇지만, 어떤 위치에 있든지 간에 우리는 성경으로

부터 남을 섬기는 것을 배울 수 있습니다.

우리는 부모, 자녀, 친구, 직원, 리더로 서로 다른 역할들을 해내고 있습니다. 비록 매일 반복되는 일로 인해 간혹 지칠 때가 있을지라도, 우리는 그 역할들을 수행하는데 있어서 남을 섬기는 태도로 하고 있는가를 물어보아야 합니다.

2015년 6월

참고

CBS 헬로QT [오늘의 양식] 2015년 5월 3일자

꽃도 가꾸어야 더욱 아름답습니다.

천국에서의 쇼핑

하나님의 자녀로 선택받아 살아가려면 필요한 것들이 많고 해서 쇼핑을 하러 나섰습니다.

우선 사랑이 절실하여, 천국백화점 1층 진열대에 놓여 있는 "사랑"을 카트cart에 실었습니다. 기쁘고 평화롭게 이웃들과 사는 것이 중요해서, 코너에 있는 "기쁨"과 "화평"도 실었습니다. 때로는 참지 못할 일도 있을 것 같아 차곡차곡 쌓여 있는 "오래 참음"도 하나 올렸습니다. 또 친절을 베풀일도 있을 것 같고, 착하고 신실하게 살아야 할 것 같아, "친절"과 "선함"과 "신실함"도 충분하게 담았습니다. 부드러우면서 강하게 사는 것이 중요할 것 같아, "온유"도 담았습니다. 온유까지 싣고 나오는데 욕심이 많아 마지막으로 "절제"도 한 상자 실었습니다.

이제는 세상에서 얼마든지 행복하고, 넉넉하게 만족하면서 살 수 있을 것 같았습니다. 계산대로 가서 너무 많이 사서 비싸겠다는 걱정을 하면서, 계산하는 천사에게 물었습니다.

"얼마죠?"

천사는 이 모두가 "공짜"라고 했습니다.

"아니, 이 귀한 모든 것이 다 공짜라구요?"

천사가 웃으면서 대답했습니다.

"이미 예수께서 다 지불하셨답니다."

이것을 우리는 "은혜"라고 말합니다. 우리의 구원도, 은혜도 곧 선물입니

188

다. 그런데 선물은 싸구려가 아니고 예수가 십자가에서 피 흘려 죽은 값비싼 희생을 담보로 하고 있습니다.

독일의 신학자 본 훼퍼Dietrich Bonhoeffer는 "싸구려 은혜"와 "값비싼 은혜"가 있다고 했습니다. 신앙생활을 제멋대로 방자하게 하면, 받은 은혜를 싸구려 취급하는 것입니다.

화가 날 때 화를 내고…, 어깨에 힘줄만 할 때 어깨에 힘을 주고…, 실패하면 좌절하며 포기하고…, 이렇게 살면 편하기는 할 것입니다. 그렇지만 화가 날 때 도리어 온유하고 어깨에 힘을 줄만 할 때 겸손하고…, 참을 수 없을 때 인내하며…, 분쟁에 함께 휘말리기 보다는 화해를 위해 노력하고…, 절망할 수밖에 없을 때 희망과 꿈을 가지는 일…, 힘들고 어려운 일입니다.

품위를 지키는 일은 불편함을 견디는 일입니다. 저는 발가락을 치료하는 중 불편한데도 품위를 지켜보려고 구두를 신었다가 덧이 나서 더 많이 고생한 경험이 있습니다. 값비싼 은혜의 삶은 불편을 견디며 품위를 유지하는 일이라고 생각해 봅니다.

2015년 7월

꽃도 가꾸어야 더욱 아름답습니다.

야베스의 기도

야베스는 이스라엘의 유다 지파에 속한 사람으로서 "그의 형제보다 더 존경을 받는 자"였고, 그가 태어났을 때, 그의 어머니가 "내가 아이를 고통 가운데 낳았다."라는 뜻으로 그의 이름을 "야베스"라고 하였습니다.

야베스의 기도는 매우 특이합니다.

야베스의 기도는 구약의 역대상의 1장에서 시작하여 9장까지 계속되는 그 길고도 지루한 족보의 한 중간쯤에 위치해 있습니다. 거기에는 아담부터 당대까지 수천 년 동안에 이스라엘 민족을 구성해 온 수천 명의 이름만 나열되어 있는 문자 그대로의 족보입니다. 이 이름들의 홍수 속에서 유독 야베스만 기도를 드리고, 그 기도가 기록된 것은 매우 특이한 일입니다.

야베스의 기도는 짧다고 하는 엘리야의 기도보다도 훨씬 더 짧습니다. 야베스의 기도는 50여 자에 불과합니다. 이렇게도 짧은 기도가 왜 그 기나긴 인류의 족보 책에 삽입되었으며, 오늘날 그 기도는 왜 그렇게도 유명하게 되었는지 모를 일입니다.

짧지만 진지한 기도입니다.

야베스는 아마도 삶의 공간이 여유롭지 못하여 활동하는데 어려운 형편이었던 것 같고, 환난과 어려움을 당하여 근심에 싸여 있었던 것이 확실합니다. 그와 같은 고통과 시련의 때에 그는 하나님께 도움의 손길을 요청하였습니다. 그의 기도는 고통을 참고 눈물을 삼키면서 토하는 절규와도 같

190

은 것이었습니다.

겸손함과 경건함이 배어 있는 기도입니다.

야베스는 "여호와께서 제게 복에 복을 주시어"라는 말로 조심스럽게 하나님의 뜻을 여쭈고 있습니다. 그는 '저에게 복을 주시는 것이 하나님의 뜻이거든' 그렇게 해 달라고 겸손하게 머리를 조아립니다. 거기에는 존귀하신 하나님께 대한 경외심과 경건함이 함께 서려 있습니다.

우리도 겸손한 마음과 경건한 태도를 가지고 거룩하신 하나님께 기도해야 합니다. 그래야 우리의 기도가 응답되고 우리의 소원이 성취될 것입니다. 기도는 하나님을 설득하여 우리가 필요한 것을 얻어 내는 것이 아니라, 하나님의 뜻에 우리의 마음을 맞추는 것이기 때문입니다.

2015년 8월

참고

브루스 윌킨슨 저, 마영례 역 『야베스의 기도』, 디모데, 2001

꽃도 가꾸어야 더욱 아름답습니다.

멋진 경영자

이OO 대표이사와 이OO 전무이사의 취임 축하 모임으로 모였습니다. 두 분에게 우리 모두의 마음을 모아 진심으로 축하드립니다. 우리는 종종 직원의 태도에 관심을 가지기도 하지만, 이 시간 경영자의 자세를 생각해보고자 합니다.

사우스웨스트 항공사Southwest Airlines는 미국의 대표적인 저가항공사입니다. 독특한 아이디어와 파격적인 경영으로, 미국에서 일하기 좋은 10대 기업으로 꼽히기도 했습니다. 1978년 이후 항공 업계가 완전경쟁 체제로 돌입하면서 모두 120개 항공사가 도산했습니다. 그런데 이 회사는 69분기, 17년 연속 흑자 경영을 이뤄냈습니다.

사우스웨스트 항공사는 값비싼 기내식 대신에 간단한 땅콩을 제공합니다. 너츠nuts란 단어는 파격적인, 기발한, 열광하다란 뜻의 미국식 구어이기도 합니다. 자기가 일하는 회사를 미치도록 좋아하는 사람, 자기가 하고 있는 일에 열광적으로 몰입하는 사람을 가리키고 있습니다.

많은 기업들이 고객제일주의를 표방합니다. 그런데, 사우스웨스트는 직원이 첫 번째 고려사항이고, 고객은 두 번째 고려사항입니다. 허브 캘러허 Herb Kelleher 회장은 "고객이 늘 옳지는 않다."고 말합니다. 언뜻 생각해보면 배짱영업을 한다고 하겠지만, 직원들을 믿고 힘을 실어줘야 직원들이 주인의식을 가지고 더욱 열심히 일을 한다는 것입니다.

하나님과 예수의 경영방침이 소개되어 있는 성경 말씀에 의지하여 우리 자신의 삶과 일터를 잘 경영하는 멋진 경영자들이 되어 아래와 같은 편지들을 받아 볼 수 있길 기대해봅니다.

직원이 사장에게 보낸 편지

창립자 허브 캘러허Herb Kelleher 덕분에
사우스웨스트 항공은 세계적인 항공사로 성장하게 되었고
이에 대해 항공 직원들은 허브에게 감사의 편지를 보냈습니다.

"허브, 감사합니다.
모든 직원들의 이름을 일일이 기억해 준 것에 대해,
추수감사절에 수화물 적재를 직접 도와준 것에 대해,
모든 사람들에게 키스해 준 것에 대해,
우리가 하는 말에 관심 있게 귀 기울여 준 것에 대해,
유일하게 흑자를 내는 항공사를 경영해 준 것에 대해,
휴일 파티에서 노래를 불러 준 것에 대해,
직장에서 반바지와 운동화를 신게 해 준 것에 대해,
할리 데이비슨 오토바이를 타고 본사에 출근한 것에 대해,
보스BOSS가 아니라 친구가 되어 준 것에 대해
경영자의 날을 맞아 16,000명의 직원들이 진심으로 감사를 드립니다."
－사우스웨스트 항공사 직원 일동 / '무위의 글' 인용－

2015년 9월

참고 ─────────────

『너츠(nuts)! 사우스웨스트의 효과를 기억하라』, 동아일보, 2008
'고객은 2등, 직원이 1등인 기업' 추천도서/신간리뷰, 2009년 2월 9일자 http://maehok.
tistory.com/guestbook
사랑밭 새벽편지 2015년 8월 25일자

구별된 삶을 삽시다

'그리스도인'이라는 명칭이 어디에서 어떻게 시작되었는지 잘 알 것입니다. 바나바와 바울이 안디옥 교회에서 많은 사람들을 가르치며 복음을 전하였는데, 그때 안디옥 사람들이 예수 믿는 자들을 '그리스도인'이라 부르기 시작했습니다. 말하자면 그리스도인이란 명칭 안에는, "그리스도에게 속한 사람, 그리스도를 닮은 사람"이라는 의미가 담겨져 있는 것입니다. 예수를 믿는 자들의 삶을 보고 있으면, 예수가 생각나기 때문에 그렇게 불렀을 것입니다.

성경에서 '거룩'이라는 말은 헬라어로 '하기오스hagios'입니다. 그 단어의 뜻은 "구별되다, 나뉘다."라는 의미입니다. 그리스도인들이 예수의 가르침과 그의 길을 따라 살다 보면, 어느새 세속적인 가치관에 따라 움직이는 세상과 점점 멀어져서, 자연스럽게 세상으로부터 구별된 존재로서 거룩한 삶을 살아가게 되어 '구별된 존재'가 되었습니다. '구별된 존재'가 되어야겠다고 작심作心하고서 의식적으로 세상과 담을 쌓고 속세를 떠나야만 구별된 존재가 될 수 있다는 이야기는 아닙니다.

"나는 그들에게 아버지의 말씀을 주었는데 세상은 그들을 미워했습니다. 내가 세상에 속해 있지 않는 것처럼 그들도 세상에 속해 있지 않기 때문입니다."(요 17:14) 세상 속에 있어도 세상에 속해있지 않다는 이야기입니다. 아니 세상에서 하늘나라의 시민으로 살아가고 있다는 이야기입니다.

그러하기에 '예수를 믿는데도 사람이 참 좋다.'라는 말이 아니라 '예수를 믿는지 사람이 참 좋다.'라는 말을 들어야 할 것입니다.

2015년 10월

그래, 딱 사흘간이다

어느 마을에 늘 행복한 할머니가 한 분 살았습니다. 그 할머니는 배운 것이 별로 없고 살림도 가난하기는 했지만 어려운 일이 있어도 늘 밝고 웃는 모습이었습니다. 그래서 그 할머니만 만나면 덩달아 즐거워지고 행복해졌습니다. 하루는 마을 사람들이 할머니에게 그토록 행복하게 사는 비결이 무엇이냐고 물었습니다.

그러자 할머니는 이렇게 대답했습니다. "예, 나는 어려운 일이 있을 때마다 예수의 부활을 생각한답니다. 잘 아는 대로 예수는 십자가에 죽고 무덤에 들어갔다가 사흘 만에 부활하였지요. 그래서 나도 어려움이 닥치면 '그래, 사흘이다. 사흘만 참고 견디자.' 그렇게 생각하며 참다보면 어려움들이 지나가지요."

아브라함이 고민하며 걸었던 사흘 길에 모리아 산에서 제물로 양을 준비하시는 하나님을 만났듯이, 히스기야가 병이 나아 사흘 만에 성전에 올라갔듯이, 요나가 사흘 만에 고기 뱃속에서 토해져 나왔듯이, 에스더와 백성들이 사흘간의 기도 후에 승리했듯이, 예수가 장사된 지 사흘 만에 부활하였듯이, 우리의 어려움도 사흘이 지나면…

삶의 짐이 무겁게 느껴지고, 생활이 힘들고 곤고하다면, 주변이 어둡고 절벽 같다면 이렇게 외쳐봅시다.

"그래, 딱 사흘간이다."

"그러므로 선 줄로 생각하는 사람은 넘어지지 않도록 조심하십시오. 여러분은 사람이 감당할 수 없는 시험을 당한 적이 없습니다. 하나님은 신실하셔서 여러분이 감당치 못할 시험은 허락하지 않으시며 시험을 당할 때도 피할 길을 마련해 주셔서 여러분이 능히 감당할 수 있게 하십니다."

(고전 10:12-13)

2015년 11월

어린아이의 일을 버렸습니다

사도 바울은, 예언도 사라지고, 방언도 그치고, 지식도 사라질 것이라고 이야기합니다. 이것들은 고린도교회의 교인들이 자신들의 신앙의 열심을 입증하는 것으로 자랑하던 것들입니다. 그러나 바울은 그러한 것들이, 온전한 것이 아닌 부분적인 것들이며, 어린아이의 일 곧 유치한 신앙이라고 말합니다.

어린아이는 항상 자기중심적이어서, 부분적인 것을 일반화하는 특성을 가지고 있습니다. 세상에서 자기 아버지가 제일 힘이 세며, 어머니가 가장 아름답다고 생각합니다. 자기가 소풍 가기 때문에 날이 좋다고 생각합니다. 사람들은 나이가 들면서 이런 어린아이의 생각을 극복하지만, 종교에서는 예외인 것 같습니다. 많은 사람들이 여전히 신을 부족신部族神의 형태로 이해합니다. 구약성경은 이런 신앙을 뒷받침 해주는 증빙 자료로 이용되고 있기도 합니다.

여호수아를 앞세워 가나안으로 진군하는 성경 이야기에서 하나님은 오직 유대인들을 위하여 다른 민족을 점령하시는 분으로 이해됩니다. 이런 이야기들은 그 본래의 맥락에서 벗어나서, 제국주의자들이 식민지를 쟁탈하고, 강대국이 다른 민족을 점령하는 것을 정당화해주는 성서적 전거典據들로 악용되곤 하였습니다.

이러한 유치한 신앙을 가진 사람들은 언제나 하나님을 진노震怒하고 보복하는 존재로 그립니다. 소돔과 고모라 이야기에서는 분노忿怒하여 도시를 유황불로 멸망시키는 신神의 이미지를 얻습니다. 그리하여 수십만이 사는 도시들에 원자폭탄을 투하하고, 수백만의 유대인들을 가스로 청소해버리는 그런 잔인한 행동을 저지른 장본인들 배후에는 그리스도인들이 있었습니다.

티모씨 드와이트Timothy Dwight는 장로교 목사로 미국 예일대 총장(재임: 1795-1817)을 지낸 지도자였는데, 그는 당시 새롭게 발견된 천연두 백신 접종에 반대하면서 설교하기를, "만일 하나님이 영원 전부터 어떤 사람을 천연두로 인해 죽도록 예정하셨다면, 백신 접종이라는 꾀를 써서 그 예정을 회피하고 무효화시키는 것은 무서운 죄가 될 것이다."라고 말하기도 하였습니다.

유치한 어린아이의 신앙에서 벗어나 성숙한 신앙인으로 살아가는 날이 속히 왔으면 좋겠습니다.

2016년 1월

참고 ─────────────
김재성(한신대 교수/ 민들레성서마을지기)의 글

선을 행하다 낙심하지 맙시다

우리는 하나님을 여러 가지의 모습과 표현으로 고백합니다. 질병으로 투병鬪病 중이거나, 이미 나음을 입은 사람은 '치유의 하나님'이라 고백할 것입니다. 신혼부부와 같이 사랑의 달콤함에 빠져있는 사람들은 '사랑의 하나님'일 것이며, 불의한 일을 당했다거나 지금 고통 중에 있는 사람은 '정의의 하나님'이라고 고백할 것입니다.

세상에는 선을 행하는 사람들이 많이 있습니다. 하지만 세상에는 선하지 못한 일이 더 많이 일어납니다. 그러다 보니 선을 행하려고 노력하는 사람들이 불의한 일을 당하는 경우를 많이 보게 됩니다. 그럴 때면 안타깝게도 당사자와 주변사람들은 하나님을 원망하기도 합니다.

"하나님, 당신이 진정 살아계신다면 어떻게 이러실 수 있습니까?"

"과연 하나님은 살아계신 분이 맞을까?"

그것도 부족해 심지어 어떤 이들은 하나님이 악인의 하나님인 것처럼 보기도 한답니다. 의인이 곤란을 당하고 오히려 악인이 잘되는 모습을 보면 분이 오르고 답답하다 보니 그렇게 보일 수도 있을 것입니다. 한없이 참고 착한 마음을 지키려고 노력하는 사람에게 끊임없이 불이익이 닥쳐오는 현실이 우리를 힘들게 합니다.

하지만 하나님은 분명 의로운 분이시며 '의인의 하나님' 이십니다. 다윗은 압살롬의 반역에 의해 어려움을 당할 때, 지난날 의義로우신 하나님으로 자신을 도와주셨던 하나님을 찾았습니다. 결국 다윗이 부르짖으며 찾은 그 의로우신 하나님께서는 다윗을 다시 세워주셨습니다.

우리는 선한 일을 하며 살아가겠다고 노력해야 합니다. 그래서 손해를 보고 어려움을 당할 수도 있겠지만, 그럼에도 불구하고 낙심하지 말고 끝까지 선한 일을 하며 살아야 합니다.

"이는 주의 눈이 의인들을 향하시고 주의 귀는 그들의 기도에 기울이시나 주의 얼굴은 악을 행하는 사람들을 대적하시기 때문이다." (벧전 3:12)

"선한 일을 하다가 낙심하지 맙시다. 포기하지 않으면 때가 이르면 거두게 될 것입니다." (갈 6:9)

2015년 9월

믿음의 의미

이 세상에는 "믿습니다."하고 높은 절벽에서 뛰어내리는 사람도 있고, "믿습니다."하면서 주식株式에 전 재산을 거는 사람도 있습니다. 또 도무지 가능성이 없는데도 "믿습니다."하면서 사업을 시작하는 사람이 있는가 하면, "믿습니다."하면서 끝까지 병원에 안 가고 죽는 사람도 있습니다. 이들은 진짜 믿음이 무엇인지를 잘 모르는 사람들입니다.

지금은 교회 절기로 사순절四旬節 기간입니다. 참된 믿음은 바로 십자가 중심의 믿음입니다. 예수는 '내 때'라는 말을 하였는데, 이 말은 '십자가를 지는 때'를 의미합니다. 그렇다면 여기서 예수가 이야기하고자 하는 메시지가 무엇일까요?

참된 믿음은 '고난의 메시아를 믿는 것'이라는 이야기입니다. 자기 자신을 부인하고 자기 십자가를 지고 따르는 것이 진짜 믿음이지, 믿으면 모든 면에서 형통할 뿐만 아니라 질병도 낫는다고 하는 정도에 머무른다면 그것은 진정한 믿음이 아니라는 이야기입니다.

"당신은 하나님이 한 분이신 사실을 믿습니까? 잘하십니다. 귀신들도 믿고 두려워 떱니다."(약 2:19) 하나님이 존재한다는 것, 하나님이 능력 있는 분이라는 것은 귀신도 믿고 두려워 떱니다. 실제로 귀신은 하나님의 존재를 우리보다 더 확실하게 알고 있습니다. 귀신은 하나님의 능력을 누구보다 더 잘 압니다. 그러나 그것을 믿음이라고 말하지 않습니다.

결국 하나님의 존재와 하나님의 능력을 인정하는 정도의 믿음을 가지고는 참된 믿음이라고 할 수 없다는 것입니다.

믿음은 묵묵히 고난의 길, 십자가의 길을 가는 삶의 방식입니다. 믿음은 하나님을 의지하는 전적全的인 삶입니다. 믿음은 고난의 길인 십자가를 지고 가는 길입니다. 믿음은 사랑과 정의와 평화를 이룩하기 위해 십자가를 지고 기쁜 마음으로 따르는 길입니다. 하늘나라의 면류관은 십자가를 지고 하늘나라의 뜻인 사랑과 정의와 평화를 이룩하기 위해 노력하는 사람들에게 허락되어지는 것 일 것입니다.

2016년 3월

참고

사순절(四旬節)은 부활절 전, 40일 동안의 기간. 이 기간 동안 기독교인들은 그리스도의 수난을 기억하며 단식 등의 절제된 생활을 하며 보냅니다. 2016년의 경우는 2월 10일(수)-3월 26일(토)입니다.(이 사이에 있는 주일은 40일에 계산되지 않습니다.)

아우 먼저…, 형님 먼저…

옛날에 우애가 좋은 형제가 밭을 이웃해 한 마을에 살고 있었습니다. 형은 결혼해 가족이 딸려 있었습니다만 동생은 결혼을 앞둔 총각이었습니다. 형제는 그 해 농사를 지어 자신의 논에 낟가리를 높이 쌓았습니다. 추수를 마친 형은 생각합니다.

"이제 곧 아우도 결혼을 해야 할텐데…, 준비하려면 필요한 것이 많을 테니, 내가 좀 도와줘야 되겠다."

그러고는 한밤중에 일어나 자신의 낟가리에서 볏단을 갖다 동생의 낟가리에 얹었습니다. 그 다음날도 그리고 또 그 다음날도 이렇게 여러 날 볏단을 날랐습니다만 아침에 일어나보면 이상하게도 자신의 벼 낟가리는 줄지 않은 채 여전히 그대로였습니다. 동생도 형과 같은 생각을 했기 때문입니다.

"형은 아무래도 결혼해 식구가 많으니까 식량이 넉넉지 않겠지…."

그래서 동생도 역시 밤마다 자신의 낟가리에서 볏단을 한 아름 안아 형의 낟가리에 갖다 쌓았습니다. 그러니 형이 아무리 동생에게 자신의 볏단을 가져다 줘도 낟가리가 줄지 않는 것입니다.

그러던 어느 날 달 밝은 밤에 그날도 형과 아우는 같은 생각에 자신의 낟가리에서 볏단을 한 아름씩 끌어안고는, 형은 동생의 낟가리를 향해, 동생은 형의 낟가리를 향해 갑니다. 그러다 둘은 중간에서 서로 마주쳤습니다. 그제야 두 형제는 자신들의 낟가리가 줄지 않는 이유를 알게 됐습니다. 형제는 서로의 사랑에 너무 감격해 달빛 아래서 부둥켜안고 눈물을 흘렸습니다.

때마침 예루살렘 성전을 지으려고 자리를 물색하던 이스라엘의 솔로몬 왕은 이 감동적인 이야기를 전해 듣고는 형제가 서로 얼싸안고 사랑에 감격해 눈물을 흘리던 그 자리에 성전을 지었으면 좋겠다하고는 결정을 내렸다는 이야기가 있습니다.

욕심이 없는 곳에 평안함이 있으며 사랑이 있다는 이야기입니다. 반면에 욕심이 있는 곳에 다툼이 생깁니다. 그러므로 우리는 욕심을 다스릴 줄 알아야 합니다. 그래야 감사하며 만족하는 삶을 살 수 있습니다. 사도 야고보는 사람이 시험을 받는 것은 욕심에 이끌려 유혹에 빠지기 때문이라고 합니다. 그러므로 욕심에 속지 말라고 했습니다. 우리는 살아가다 보면 욕심에 속을 때가 많습니다. 사람은 욕심이 삶의 부요함을 가져다 줄 줄 압니다. 그래서 욕심을 버리지 못합니다. 욕심은 결국 죄를 부르며 사망을 낳습니다.

2016년 9월

보석보다 빛나는 정직

이스라엘의 지혜서인 '탈무드'에 나오는 이야기의 하나입니다.

한 어머니가 어느 날 상점에서 외투 한 벌을 샀습니다. 집에 돌아와서 다시 한 번 입어보며 주머니에 손을 넣었는데, 놀랍게도 거기에 커다란 보석이 들어 있는 것이었습니다. 순간 어머니는 마음속으로 생각했습니다.

"보석이 누구의 것인지는 몰라도 내가 산 옷 주머니에 들어있었잖아"

"그래도 내 것이 아닌데 빨리 돌려주는 게 맞겠지…"

양면의 생각이 서로 싸우기 시작했습니다.

어머니는 지혜로운 현자를 찾아가서 묻기로 했습니다.

"어떻게 하면 좋겠습니까?"

현자가 어머니에게 말했습니다.

"당신이 산 것은 외투이지 보석이 아니지 않습니까? 다만 상점에 가서 돌려줄 때는 꼭 자녀를 데리고 가십시오. 그리하면 보석 내놓는 것은 아쉬울지 몰라도 그보다 몇 배 귀중한 것을 당신의 자녀에게 주게 될 것입니다."

자녀가 정직하길 바라시나요?

그럼 부모가 먼저 솔직하고 정직하게 살면 됩니다.

예의가 바른 자녀를 바라시나요?

그럼 부모가 먼저 다른 사람에게 존중과 예의로 인사하십시오.

자녀를 가르치는 우선순위는 부모가 먼저라는 것을 잊지 마십시오!

"혼자 있을 때 사람은 정직하다. 혼자 있을 때는 자기를 속이지 못한다. 그러

나 남을 대할 때는 그를 속이려고 한다. 하지만 좀 더 깊이 생각하면, 그것
은 남을 속이는 것이 아니고 자기 자신을 속인다는 것을 알아야 한다."

－ 에머슨Ralph Waldo Emerson(1803-1882) －

2016년 3월

참고

따뜻한 하루(www.onday.or.kr) 2016년 6월 11일자

죄 없는 자가 먼저…

진정한 가르침은 강단이 아니라 현장에서 이루어진다는 말이 있습니다. 그런데 강단을 진정한 가르침의 현장으로 만든 사람이 있습니다. 바로 예수입니다.

이스라엘의 서기관들과 바리새인들이 간음을 하다가 잡힌 여인을 끌고 와서 사람들 앞에 세웠습니다. "모세는 율법에서 이런 여자들은 돌로 쳐 죽여야 한다고 우리에게 명령했습니다. 선생님은 뭐라고 하시겠습니까?" 예수를 시험하여 고소할 구실을 찾으려는 속셈을 가지고 던진 질문이었습니다. 성전이 말씀을 가르치는 장소에서 정죄하고 심판하는 재판정이 되었습니다. 여인을 볼모로 예수를 심판대에 세운 것입니다.

그런데 이때 진정한 가르침이 시작되었습니다. 예수의 가르침은 말 그대로 장소를 가리지 않습니다. 예수가 몸을 굽혀 손가락으로 땅에 무언가를 썼습니다. 사람들의 시선의 방향이 바뀌었습니다. 끌려온 여인도 아니고 이야기할 예수도 아닌, 땅과 그곳에 무엇인가를 쓰는 손가락으로 시선이 바뀌었습니다. 여인 혹은 예수에게 집중되었던 사람들의 시선이 다른 것을 보게 되었습니다. 그때 예수는 이야기합니다. "너희 가운데 죄 없는 사람이 먼저 이 여인에게 돌을 던지라."(요 8:7)

사람들의 시선의 방향이 또다시 바뀌었습니다. 자기 자신을 먼저 돌아보라 합니다. 이제 시선의 방향이 자기 자신의 마음으로 향하게 되었습니다. 놀라운 일이 일어났습니다. 어른으로부터 시작하여 젊은이까지 양심의 가

책을 받아 하나씩 하나씩 자리를 떠나간 것입니다. 고소하던 자도 떠나갔고, 정죄하던 자도 떠나갔습니다. 시선의 방향을 자신에게로 돌릴 때, 자신의 잘못을 발견하게 되고 고백하게 되며, 다른 사람을 정죄하는 칼을 거둘 수 있게 된다고 봅니다.

이제 오직 예수와 그 가운데 서있던 여인만 남았습니다.

"나도 너를 정죄하지 않겠다. 이제부터 다시는 죄를 짓지 마라." (요 8:11)

2009년 12월

한결 같음

○○○회사 개업을 축하하는 자리입니다. 우리 모두의 마음을 모아 감사드리며 이○○ 경영기획본부장에게도 마음으로 축하드립니다.

"어떤 시계가 가장 좋은 시계입니까?" 시계공장에 갓 들어온 한 견습공이 사장에게 물었습니다. 사장은 다음과 같이 대답했습니다.

"좋은 시계는 일단 태엽이 많이 감겨 있을 때나 적게 감겨 있을 때나 한결같이 정확해야 한단다. 다시 말해서 시계 바늘이 돌아가는 속도가 빠르거나 늦거나 하는 차이가 없어야 한다는 것이다. 날씨가 덥든 춥든, 어느 곳에 두든 속도가 늘 일정해야 한단다."

좋은 시계에 대한 사장의 정의가 인상적입니다. 좋은 시계는 언제나 일정한 속도를 유지해야 하는데, 태엽이 많이 감겨 있든지 적게 감겨 있든지, 날씨가 덥든지 춥든지 어느 곳에 두든지 일정하게 가야 한다고 말하고 있습니다.

좋은 시계에 관한 이야기는 단지 시계에 관한 이야기만은 아닐 듯싶습니다. 좋은 삶에 관한 이야기로도 충분히 들립니다. 언제 어느 때라도 한결같은 삶을 사는 것이 좋은 삶일 것입니다. 살다보면 태엽이 많이 감겨 있을 때와 같이 모든 조건이 기대 이상으로 좋을 때가 있는 반면, 태엽이 거의 풀렸을 때와 같이 기운이 떨어지고 의욕이 사라질 때가 있습니다. 그러나 환경이 어떻게 바뀌든지 한결같은 삶을 살아가는 것이 중요합니다. 태엽이 많이 감겨 있을 때라고 해서 남보다 무조건 앞선다든지, 태엽이 풀렸을 때라 해서 한없이 나태해진다면, 어찌 그 삶을 좋은 삶이라 할 수 있겠나요?

남이 보면 잘하고 안 보면 안하고, 조건이 좋으면 열심히 하고 안 좋으면 포기하고, 남이 알아주면 목에 힘을 주고 안 알아주면 풀이 죽는 그런 삶이 아니라, 조건에 상관없이 내가 옳다고 여기는 것을 위해 변함없이 살아가는 삶, 그 한결같은 삶이 좋은 삶의 모습일 것입니다.

'표리부동表裏不同'이라는 말이 있습니다. '겉과 속이 다르다'는 말입니다. '한결같다'라는 말과는 정반대되는 말입니다. 어쩌면 신앙이란 '한결같은 삶'을 살아가는 것인지도 모릅니다. 남이 보든 안 보든 하나님 앞에서 한결같은 마음과 한결같은 걸음으로 살아가는 것이라고 봅니다. 좋은 시계의 조건이 그러하듯이 말입니다.

한결같은 마음으로 열정과 용기와 초심을 유지할 뿐만 아니라 한결같이 회사도 번창하시길 기원합니다.

2016년 7월

참고
한희철 목사의 '단강마을 편지' 2001년 9월 3일자

정직한 청지기

사람들은 사람을 평가할 때 그의 행동도 살피지만 그의 마음의 자세를 더욱 귀하게 여깁니다. 마음이 진솔하고 정직한 사람을 찾으며 좋아들 합니다.

아프리카의 옥수수 추장으로 알려져 있는 김순권(1945-) 박사는 세계적인 옥수수 육종 학자로서 기아문제 해결에 앞장서고 있습니다. 젊은 시절에 그는 여러 번 시험에 낙방하였답니다. 고등학교 시험에 떨어진 김순권은 아버지의 농사일을 도우며 많은 것을 배웠다고 합니다. 특히 부지런함과 정직함을 배웠다고 이야기 합니다.

그는 이런 고백을 하였습니다.

"저는 머리가 좋은 사람이 결코 아닙니다. 정직하고 부지런한 농부의 마음이 최고의 밑천이었습니다."

재주 있고 수완 좋은 사람이 되는 것도 좋습니다. 그러나 정직한 마음의 바탕이 없다면 그 재주는 악의 도구가 될 수도 있습니다.

장관 후보자 청문회 과정을 보면 정직하지 못한 우리 사회의 어두운 면이 적나라하게 드러나는 모습을 봅니다. 부정에 대한 의혹을 해명하면서 이렇게 말하는 것 같습니다.

"모르는 일입니다. 오래 되어 기억이 나지 않습니다. 그게 잘 못인 줄 미처 몰랐습니다. 그런 것은 다 관행이었습니다."

그 만큼 우리 사회에서 부정은 일상화 되어 있습니다. 우리 자신은 어떤

212

가요? 정직한 청지기로 살아 왔나요?

"어둠 속에서도 빛이 일어나 정직한 사람들을 비출 것이니 그는 은혜를 베풀 줄 알고 인정 많고 의롭구나." (시 112:4)

2013년 4월

밝히 보게 하소서

무엇을 어떻게 보고 사느냐가 중요합니다. '현상'에서 한 걸음 더 나아가 보다 더 깊은 차원의 의미와 뜻을 밝히 볼 수 있어야 합니다. 그것은 믿음의 세계이고 영靈의 세계입니다. 믿음의 세계는 육신의 눈으로 보는 세계가 아닙니다. 아니 육신의 눈으로는 결코 볼 수 없는 세계입니다. 오히려 육신의 눈이 흐려질수록 믿음과 영의 눈은 밝아지기도 합니다. 사람들은 종종 보아서는 안 될 헛된 것에 홀려, 허영을 좇아 살기도 합니다. 욕심의 눈으로 보면 사람과 사물을 바르고 정확하게 볼 수 없습니다. 뒤틀리게 보이고 껍데기만 보입니다. 그런 눈으로 살면, 우리의 삶은 비틀어지고 헛된 인생이 됩니다. 내면을 보는 눈, 맑은 눈이 필요합니다. 영의 눈은 사랑의 눈이고 믿음의 눈입니다. 사랑과 믿음으로 볼 때에 비로소 사람과 사물이 새롭게 보입니다.

불행하게도 육신의 눈은 밝은데 영의 눈으로는 보지 못하는 사람이 의외로 많습니다. 바로 보아야 할 것을 보지 못하고 돈과 권력과 명예만 바라보고 살기도 합니다. 돈과 권력과 명예들은 알맹이가 아닙니다. 껍데기이고 허망한 것들입니다. 한평생 이런 껍데기만 좇다가는 쭉정이 인생이 되고 맙니다. 우리는 껍데기 인생으로 살도록 태어난 것이 아니라, 알곡 인생으로 살아가도록 태어난 존재들입니다. 허망한 것을 보지 말고 바르고 진실한 것을 바라보며 살아야 합니다.

어떤 상황에서도 바르고 참된 하늘의 뜻을 바로 볼 수 있는, 진실하고 바른 영의 눈을 가진 사람은 복이 있습니다. 이웃의 허물을 찾기보다 이웃에게서 감춰진 보화를 보는 사람, 절망 중에서도 희망을 보는 사람, 푸르른 여름에서 풍성한 가을의 열매를 앞당겨 보는 사람이야말로 진실하고 바른 영의 눈을 가진 사람입니다. 이 여름에 영의 눈으로 풍성한 삶을 앞당겨 보았으면 합니다.

2013년 8월

- 『십분간의 사색』27호, 편집부 편저, 대성중·고등학교, 2000년
- 『365일 생명의 만나』, 이영순 편저, 보이스사, 2000년
- 『목적이 이끄는 삶 The purpose driven life』, 릭 워렌 저, 고성삼 역, 디모데, 2003년
- 『십분간의 사색』 33호, 편집부 편저, 대성중·고등학교, 2006년
- 『배려』, 한상복 저, 위즈덤하우스, 2006년
- 『The Pitcairners』, Robert B. Nicolson, University of Hawaii Press, 1997년
- 『소유냐 삶이냐 / 사랑한다는 것』, 에리히 프롬 저, 고영복, 이철범 역, 동서문화사, 2008년
- 『회고록·인생론』, 장기려 저, 규장문화사, 1985년
- 『장기려, 그 사람』, 지강유철 저, 홍성사, 2007년
- 『사랑으로 만드는 행복한 가정』, 신연식 저, 학문사, 2011년
- 『하나님이 응답하시는 기도의 능력』, 강준민 저, 두란노, 2006년
- 『희망의 신학』, 위르겐 몰트만 저, 이신건 역, 대한기독교서회, 2002년
- 『사순절 묵상집: 그리스도 예수 안에 있는 한 사람』, 만우와장공 편저, 만우와장공, 2011년
- 『사순절 묵상집: 완전한 희망』, 편집부 편저, 한국기독교장로회총회교육원, 2006년
- 『너츠nuts! 사우스웨스트의 효과를 기억하라』, 동아일보, 2008년
- 『야베스의 기도』, 브루스 윌킨슨 저, 마영례 역, 디모데, 2001년
- 『활천』, 1946년 6월호
- 『날고 있는 새는 걱정할 틈이 없다』, 정채봉 저, 샘터사, 2004년

- 「새벽종소리」, CTS기독교TV, 2007년 2월 16일자
- "모두 행복한 주인공이 되십시오!" 정문용 2005년 3월 30일,
  http://blog.daum.net/jung2118/1894511
- 「묵상편지」, 갓피플
- 「홀리데이Holy Day」, 헬로QT, CBS
- 「강남교회 예배영상」, 전병금 설교, 강남교회
- 「단강마을 편지」, 한철희, 2001년 9월 3일자

- "기초질서는 사회 안전의 첫 단추", 김경철 파주경찰서 생활질서계, 경기일보 2008년 04월 15일자
- "세상에 공짜는 없다", 마승열 편집국장, 가톨릭신문 2011년 8월 21일자

- "'한국의 슈바이처' 장가려 박사 별세" 서울신문 1995년 12월 26일자
- "'한국의 슈바이처' 장기려 박사 별세" 중앙일보 1995년 12월 26일자
- "'한국의 슈바이처' 장기려 박사 별세" 조선일보 1995년 12월 25일자
- "장기려 박사 이웃사랑 사회속에 확산되길", 이해숙(부산시 사상구 주례2동), 조선일보 12월29일자